国家出版基金项目
NATIONAL PUBLICATION FOUNDATION

"十四五"时期国家重点出版物出版专项规划项目

突发公共卫生事件应急物流丛书

应急物流体系建设

徐　东　等著

中国财富出版社有限公司

图书在版编目（CIP）数据

应急物流体系建设／徐东等著. -- 北京：中国财富出版社有限公司，
2024.11. --（突发公共卫生事件应急物流丛书）. -- ISBN 978-7-5047-8313-4

Ⅰ. F252.1

中国国家版本馆 CIP 数据核字第 20243ST348 号

策划编辑 郑欣怡	**责任编辑** 郑欣怡	**版权编辑** 李　洋	
责任印制 苟　宁	**责任校对** 卓闪闪	**责任发行** 敬　东	

出版发行 中国财富出版社有限公司

社　　址 北京市丰台区南四环西路 188 号 5 区 20 楼　　**邮政编码**　100070

电　　话 010－52227588 转 2098（发行部）　　　010－52227588 转 321（总编室）

　　　　　 010－52227566（24 小时读者服务）　　010－52227588 转 305（质检部）

网　　址 http：//www.cfpress.com.cn　　　**排　　版** 宝蕾元

经　　销 新华书店　　　　　　　　　　　　**印　　刷** 宝蕾元仁浩（天津）印刷有限公司

书　　号 ISBN 978-7-5047-8313-4/F · 3768

开　　本 710mm×1000mm　1/16　　　　　　**版　　次** 2024 年 11 月第 1 版

印　　张 17.25　　　　　　　　　　　　　**印　　次** 2024 年 11 月第 1 次印刷

字　　数 215 千字　　　　　　　　　　　　**定　　价** 80.00 元

学术顾问委员会

主任委员：范维澄

副主任委员：丁俊发　　贺登才　　吴清一

　　　　　　王宗喜　　黄有方　　马士华

委员（按姓氏笔画排序）：

　　　　　　冯耕中　　刘志学　　何明珂　　汪　鸣

　　　　　　张　锦　　恽绵　　翁心刚　　魏际刚

编 委 会

主任委员：王　波

副主任委员：余玉刚　　郑欣怡

委员（按姓氏笔画排序）：

王　丰　　王英辉　　曲　强　　朱佳翔

吴菁芃　　张晓东　　郝　皓　　徐　东

徐　伟　　龚卫锋　　葛金田　　瞿群臻

前　言

2003 年非典疫情、2008 年南方低温雨雪冰冻灾害及四川汶川地震、2010 年青海玉树地震等一系列突发事件，尤其是 2019 年年底暴发的新冠疫情的快速应对和高效处置，充分凸显了应急物流的重要作用。作为应急管理的重要组成部分和突发事件应对的物质支撑，应急物流既是应急管理体系和应急管理能力现代化的需要，也是国家治理体系和治理能力现代化的时代要求。中央财经委员会第八次会议强调，要认真研究应对新冠疫情的经验，加快建立储备充足、反应迅速、抗冲击能力强的应急物流体系。

在取得巨大成绩的同时，新冠疫情处置也暴露出诸多"短板弱项"。国家应急管理体系在保障国家总体安全和应对重大突发事件方面还有很大不足。习近平总书记发表了一系列关于应急物资保障和应急物流体系建设的重要讲话，明确指出要健全国家储备体系，科学调整储备的品类、规模、结构，提升储备效能；要建立国家统一的应急物资采购供应体系，对应急救援物资实行集中管理、统一调拨、统一配送，推动应急物资供应保障网更加高效安全可控。危中有机、危中有变，大疫面前，应急物流体系建设迎来了"反思"与"变革"的契机，我们要深刻理解习近平总书记系列重要讲话精神，抢抓应急物流体系建设理论与实践创新的窗口期，加快应急物流体系建设理论的突破，为指导应急物资保障实践提供理论支撑。

如何科学构建应急物流体系、提升应急物流保障能力，学术界研究探索了 20 多年，先后提出了许多思想和建设性观点，但至今未形成完整系统的理论体系。本书的撰写为我们集中学习、总结借鉴相关应急物流体系建设的研究成果提供了极好的机会。研究团队成员黄定政、刘佳、吴量、龚卫锋、杨晶、李鹏飞等共同努力，集思广益完成了本书的撰写工作。由于是首次系统论述应急物流体系建设问题，本书难免有很多不足之处，恳请各位读者批评指正。

徐　东

2024 年 2 月

目　录

第一章　应急物流体系概述

近二十年，我国先后发生了洪涝、非典疫情、禽流感、台风、低温雨雪冰冻、地震、矿难、新冠疫情等重大突发事件，造成了巨大的人员伤亡和财产损失。实践表明，为了减少突发事件造成的负面影响和损害，我们必须在尽量短的时间内，以最快捷的方式为应对行动提供物资保障，而这正是应急物流的使命所在。全面加强应急物流体系建设，对满足应对突发事件物资保障需求具有重要意义。

第一节　应急物流体系建设背景与意义

2020 年 9 月 9 日，中央财经委员会第八次会议强调，要认真研究应对新冠肺炎疫情的经验，加快建立储备充足、反应迅速、抗冲击能力强的应急物流体系。新时代应急物流体系建设须深入贯彻中央精神、落实中央部署，着眼全球变局对我国安全发展和建设带来的深刻影响，并在此基础上准确分析应急物流体系建设面临的形势、现实需求和重大意义。

一、应急物流体系建设面临的形势

当前，百年未有之大变局持续演进，外部风险因素不断增加，自然灾害、事故灾难、公共卫生事件、社会安全事件等突发事件频发，我国面临的安全形势复杂严峻。

（一）国际形势复杂导致应急事件突发频发

俄乌冲突持续、巴以形势升级，多极化趋势日益明显以及国际政局动荡引发了一系列不稳定因素。美国明确将"大国竞争"列入国家安全优先事项，不断制造矛盾、挑起事端，如领土争端、边境问题等，我国需要应对的政治围堵、军事争端、隐蔽渗透等国际化问题越来越多、越来越复杂，由此引发了一系列问题，如原油价格波动、物资储备恐慌、战略运输通道争夺、边境应急事件处置等，这一切对我国应急处置多种突发状况的能力要求越来越高。与此同时，随着"一带一路"倡议深入推进，我国受到全球疫情、共建国家政治、地区民族宗教和社会治安等问题掣肘，供应链、产业链安全面临严峻挑战，国内与国外联动的应急事件处置与应急保障缺口巨大。

（二）安全形势叠加迫使应急保障压力巨大

目前，我国面临各方势力图谋钳制和干扰安全发展的严峻形势，被动卷入局部冲突、地区争端的风险逐步加大，多方向、多任务应急处置和应急保障面临巨大压力。此外，我国是世界上自然灾害最为严重的国家之一。据初步统计，我国 70% 以上的人口、80% 以上的工农业和 80% 以上的城市均受到多种灾害的威胁。尤其近些年，全球突发公共卫生事件频发，新冠疫情、流感等持续时间长、影响扩散广，对人民生命财产安全构成严重威胁，我国范围内的应急处置与应急保障任务持续不断。同时，我国仍处于社会转型发展的关键时期，国内各种矛盾依然不同程度地存在，社会公共安全事件及个体应急事件发生概率高、处置难，急需有效的应急处置和保障，以确保国家的安全和稳定。

（三）经济形势变化要求应急物流高效节能发展

新冠疫情后我国经济增长面临较大下行压力，中美贸易和技术摩擦将长期存在，全球经济低迷也给我国经济发展带来诸多阻碍。同时，由于经济发展由高速增长阶段转向高质量发展阶段，我国面临着一系列挑战与变革、波动与换轨、适应与调整，经济形势迫切要求我国在各个领域转变发展方式、优化经济结构、激活增长动力。积极推进应急物流体系建设应从效率和效益的平衡入手，高效推进物资保障模式和方法转型升级，最大限度契合国家经济形势高效节能需要，最大限度减少人员伤亡和财产损失，保障救援人员的战斗力，并加快推进恢复重建进程。习近平总书记也对应急管理体系建设提出了"节约高效"的要求，以往防灾、救灾和减灾过度消耗的现象亟须融入经济效益综合考量。加快推进应急物流体系建设是降低社会总成本、提高我国物流资源整体利用效率的重要途径。我们要注重优化整合物流资源、健全完善体制机制、科学统筹资源布局和调动全社会的积极性和创造性，并以科技为手段、以融合为路径、以有效保障为目标，综合运用军政企三方优势资源和力量，把"投入"型公共服务建设与"产出"型市场创新建设结合起来，不断降低应急物流保障的总体社会成本。在全社会范围内避免低效益性、重复性建设，降低建设成本，对于推进国家应急物流体系建设和提升建设效益水平都具有重要意义。

二、应急物流体系建设的重大意义

作为应对突发事件的重要内容，应急物流为应急管理提供了强大的物资支撑，发挥着不可替代的重要作用。应急物流体系建设是国家应急管理体系建设的重要组成部分，对有效提高国家应对灾害与危机的能力而言是至关重要的。

（一）应急物流体系建设是提高一体化国家战略体系和能力的实践抓手

党的二十大报告明确提出，巩固提高一体化国家战略体系和能力。一体化的国家战略体系和能力应放在国家战略框架下。强调战略协同能力，即战略布局一体建设、战略资源一体运用、战略力量一体使用。应急物流体系建设本身就是跨军地建设、跨军地实施、跨军地运用的实践，它既包括在应对突发事件中，调动军、政、企多部门力量开展物资保障行动；也包括在战争状态下，为打赢战争、遏制战争，提供高质量可靠补给的行动。因此，应急物流体系建设的最终目标就是在应急状态下实现一体化国家战略能力的运用。例如，在举国上下抗击新冠疫情等重大突发公共卫生事件时，对军地医疗物资、生活必需品等战略资源一体统筹，对军队保障力量、军地科研力量等战略力量一体运用，倒逼物流要素高度集成、环节融合衔接，最大限度优化整合社会应急物流资源，弥补自建应急物流体系的固有不足和缺陷。同时，通过实现军地应急物流保障优势互补，双方达成高度统一、相互融合，最终实现保护人民生命安全、维护国家经济稳定、确保国家政治安全和发挥国际抗疫攻坚作用的战略目标。巩固提高一体化国家战略体系和能力的历史意义重大，尤其在当前国际形势复杂、应急事件频发的情况下，对应急物流体系建设的"一体化"要求越来越高、越来越细，不仅需要从实践层面、建设实施层面提升应急物流响应能力，而且需要从系统性、整体性、层次性和动态性视角出发，统筹规划应急物流体系建设的体制机制和法治保障手段。

（二）应急物流体系建设是国家治理现代化推进的重点领域

习近平总书记在党的二十大报告中提出全面建成社会主义现代化强国两步走的战略安排，其中明确指出到 2035 年，基本实现国家治理体系和治理能力现代化。各个领域加快推进治理现代化既是从战略高度回应改革的目标要求，也是全面深化改革，将中国特色社会主义优势更好地转化为治理效能的实践要求。

应急物流体系建设涉及军地多个部门、多个行业、多条链路，是个复杂的巨系统，其现代化治理能力集中体现了国家现代化水平，是构成国家治理能力的重点要素。美国学者安德鲁·普里斯·史密斯认为，一个国家治理能力的强弱可通过应对突发公共事件的能力而知。例如，大规模传染病的暴发可以最大限度地削弱一个国家的实力，如果在应急状态下，政府不能及时全面地提供社会短缺的公共产品，国家赖以维系的稳定社会基础架构就将不复存在。尤其在我国进入突发事件"高发期"之际，自然灾害、事故灾难、公共卫生事件、社会安全事件等各种诱因广泛存在，以往的建设和管理模式已不能满足需求。只有快速补齐我国应急物流在建设管理、指挥调度、物流保障等方面存在的短板，提高现代化应急治理能力、提升应急物流综合保障能力，才能为日益复杂的局势提供物质基础和可靠支撑。应急物流体系建设既是推进国家治理体系和治理能力现代化的重点领域，也是推动科学发展、构建和谐社会的现实要求。全面、深入、系统地研究应急物流体系建设，有效整合全社会物流资源，形成有机衔接、融为一体的应急物流保障能力，全面提高应对突发事件物资保障水平，对于保障人民群众生命财产安全、强化社会管理、维护国家安全，具有重要的实践价值和现实意义。

（三）应急物流体系建设是应对非传统安全威胁的有力举措

随着世界形势深刻演变、自然环境问题频发，海啸、台风、地震、洪水、流感、局部地区冲突和社会公共安全事件等都影响着全球安全发展。我国所面临的恐怖主义和分裂主义安全威胁、金融安全威胁、信息安全威胁、环境安全威胁、高危传染病安全威胁等日益复杂，而这些非传统安全问题都具有较高的"政治性"，响应不及时、处置不完善、补给不到位都将会扩大非传统安全威胁的影响。我国正处于关键的转型期，应对突发公共危机挑战的工作十分艰巨。从非典疫情到"5·12"汶川地震，再到新冠疫情，应急物流展现出显著的应对危机的保障能力，有效修复了危机造成的损害，尤其是此次抗疫应急物流保障，在一定程度上减少了人民群众生命财产损失，遏制了危机的影响范围，极大地稳定了民心、增强了政府的公信力，在国际社会树立了良好的国家形象。可以说，应急物流体系建设是高效应对危机的重中之重，是应对国家非传统安全威胁的有力举措。

（四）应急物流体系建设是提升国家应急综合处置能力的核心工程

自新中国成立以来，我国持续加强应急管理工作，成功应对了一系列重大灾难。党的十八大以来，以习近平同志为核心的党中央创新发展了新时代应急管理理念，坚持提前预防、科学治理，改变灾难推动型治理方式，开启应急管理新篇章。特别是在深化党和国家机构改革过程中，中央政府决定组建应急管理部，建立起自上而下的应急管理体系，从体制上有效解决了长期以来重救轻防、重短轻长、各管一段、资源分散等突出问题。但也要看到，这次新冠疫情暴露出来的供需失配错配、效率低下等"短板弱项"，尤其表现在供需匹配、环节衔接、要素配置等方面的应急能力不足，一定程度上影响了国家应急综合处置效能。究其深层次原因，主要是应急物资装备储备与供应调拨能力建设偏弱，体系化运作和"拳头"力量亟待形成。精干高效、系统配套、功能完备的应急物流体系能够为政府应对突发事件提供充足的应急物资供应保障，确保在突发事件处置中"有物可流""物畅其流""物尽其用"，最大限度地减少损失，加快恢复重建的进程。因而，加强应急物流体系建设势在必行。构建和完善应急物流体系既是提升国家应急综合处置能力的核心工程，也是建设国家安全保障体系的重要内容。

第二节　应急物流体系的基本认识

厘清应急物流体系相关概念及特点，把握其体系构成和基本定位，是正确认识应急物流体系、合理设计应急物流体系建设的基础。

一、相关概念

对一客观事物的研究，必须先科学准确地确定研究概念，为后续研究打下基础并指明方向。

（一）应急物流的概念

在国外的文献资料中，"Emergency Logistics"（应急物流）一词并不多见。例如，检索《美国标准目录 2010》所收录的 10107 条美国国家标准（截至 2010 年 6 月发布），没有与 "Emergency Logistics" 直接相关的标准项目①。国外学者主要研究 "Humanitarian Supply Chain"（人道主义救援供应链）、"Humanitarian Logistics"（人道主义救援物流）和 "Disaster Logistics"（灾害物流）等问题。

2003 年，非典疫情暴发。在党中央和国务院的正确领导下，全国人民团结一心，取得了抗击非典疫情的最终胜利。在战胜非典疫情之后，以王宗喜教授为代表的专家学者，敏锐地察觉到现代物流在应对突发事件中不容忽视的作用，率先提出了"应急物流"这一全新概念，并对其进行了系统的分析研究②。此后，国内专家学者对应急物流概念进行了深入的探讨。例如，赵新光将应急物流的概念表述为灾害来临时，对物资、人员、资金等需求进行紧急保障的一种特殊物流活动；徐东等认为，应急物流是为满足应对突发事件物资需求，以超

---

① 中国标准化研究院国家标准馆. 美国标准目录 2010 ［M］. 北京：中国标准出版社，2011.

② 欧忠文，王会云，姜大立，等. 应急物流［J］. 重庆大学学报，2004，27（3）：164-167.

常规手段组织应急物资第一时间从供应地到需求地的特殊物流活动；黄定政认为，应急物流是为了应对突发事件，相关物流力量在政府主导下应急响应、高效运作的一种特殊物流活动；何明珂、欧忠文、王丰、宋则等专家学者都对应急物流概念作了深刻阐述，虽表述不尽相同，但观点基本一致。国家标准《物流术语》（GB/T 18354—2021）将应急物流定义为：为应对突发事件提供应急生产物资、生活物资供应保障的物流活动。

就应急物流的概念而言，可以分为狭义的概念和广义的概念。其中，狭义的概念外延只涉及应对突发事件中的物流活动。具体来讲，应急物流是在自然灾害、事故灾难、公共卫生事件、社会安全事件等突发事件发生过程中，以保障人民生命和财产安全、维护正常社会秩序为目的，由各级政府应急管理机构主导，保障灾区正常物资供应，从而有效组织物资从供应地到受灾需求地的特殊物流活动。而广义的概念则不仅限于应对突发事件，还包括各类社会主体在紧急、非常规状态下所开展的物流活动。例如，生产企业在完成临时或加急订单情况下组织的原材料物流活动，类似应对"6·18""双11"等特殊时期的社会物流等。本书所研究的是狭义的应急物流。

（二）应急物流体系的概念

应急物流体系是指为保障应对突发事件物资需求，以时间效益最大化和灾害损失最小化为目标，由各个物流元素、物流环节、物流实体相互联系、相互制约、相互协调、相互作用而构成的特种物流系统。应急物流体系作为一个复杂的大系统，既涉及政府、行业组织、物流企业等不同层次、不同系统的机构，也涉及采购、仓储、运输、配送等不同的功能环节，还涉及物资、信息、法规、标准、人才、理论、技术、设施、设备等不同的组成要素。

应急物流体系如何在有限时间内，高效、精准、安全地将应急物资送达需求地，体现了政府应急管理能力和社会治理水平。系统配套、高效运作的应急物流体系能够全面提升应急管理水平和保障能力，有效满足应对突发事件的需要，为建设和谐社会、推动经济社会发展提供坚强的物质保障。

应急物流体系不是脱离常态物流体系单独构建、独立存在的，而是根据应急物流的特点，从应对突发事件物资保障需求的角度，对常态化运行的现代物流体系提出应急要求，通过在常态化物流体系建设中贯彻这些应急要求，对资源进行整合和平急一体化建设，实现应急物流体系的构建与运作。

二、应急物流的主要特点

应急物流是在突发事件处置中紧急进行物资保障的一种特殊物流活动，与常态条件下的物流活动相比，应急物流通常具有以下诸多特点①②③。

（一）应急物流突发性和难预见性

突发事件的发生一般都具有很强的突然性，在发生的时间、地点、规模、态势及影响深度等方面，都难以预见和判断。例如，在现

① 高东椰，刘新华. 浅论应急物流［J］. 中国物流与采购，2003（23）：22-23.
② 王丰，姜玉宏，王进. 应急物流［M］. 北京：中国物资出版社，2007.
③ 王宗喜，阳波. 应急物流系列讲座之一 论应急物流的地位作用［J］. 物流技术与应用，2008（7）：104-106.

有的科技水平条件下，地震、洪涝等自然灾害的发生地点、强度、波及范围等都难以准确预测，这就使得应急物流工作存在突发性和难以预见性的特征。当然，部分由自然灾害引起的突发事件在一定程度上可以进行预测，其预测的准确度直接影响了救灾结果。突发事件预报得越准确，应对所需的物资品种、数量、时间、地点也就越准确，应急物流的预见性就越强。

（二）应急物流不确定性和非常规性

应急物流会受多种外部因素的制约和影响，具有很强的不确定性，事件发生前往往很难预判所需物资的种类、数量等。首先，由于应急事件的突发性，应急物流的启动时机难以确定，这就很难准确预测其响应时间、保障区域、数量规模和通道路线等，因而需要应急物流指挥决策人员临机作出判断和决策。其次，应急物流的情报信息难以实时获取。由于需求信息不够明确，应急物流保障活动也相应地处于一种灰色状态，难以准确判断应急物资的种类、数量、供应地与需求地等，因而难以进行精确化的供应保障，往往只能在信息资源有限、决策时间紧迫的情况下，将"大致满意"和"阻止恶化"等作为应急物流决策指挥的概率性目标。最后，应急物流的动态变化性强。受气候、道路、人员和运力等多种因素的叠加影响，事情往往不能完全按照人们的预期发展，而且突发事件还会衍生出各种意外情况，这些都为应急物流指挥决策带来不确定的因素。

（三）应急物流高时效性和紧迫性

由突发事件引发的应急物流具有一个突出的特点，即物流活动的高时效性。应对突发事件，时间就是生命，常态物流运行机制往往难以有效满足应急状态下的物流需要。应急物流强调时间第一、效率至上，在最短时间内调集应急物流力量，尽量压缩甚至省略常态物流的中间环节，使整个作业流程更加紧凑。如在地震、洪水等灾害导致道路阻断、通信中断的情况下，应急物资需要克服困难及时送达，这对应急物流活动的时效性提出了极高的要求①。

应急物流是在常态物流的基础上，增强物流紧迫性，提高应急应变能力，按照急事急办、特事特办的原则，紧急动用全社会物流力量，进行非常规运作的物流活动。在突发事件应对中，应急物流往往临时组建指挥决策机构，紧急调集各级各类仓库的储备物资，或面向全社会应急采购物资，并协调应急运力，必要时临时动员征用社会物流资源，在组织方式、时限要求、运作模式等方面都体现出紧迫性。

（四）应急物流需求多样性和主体多元性

突发事件逐渐呈现出种类多、分布范围广、发生频率高、强度大等特征，与之相适应，应急物流需求中对物资的数量、品种、调配方式等提出了多样化要求。

由于应急物流对人、财、物的需求通常较多、较高，单一主体、单一部门、单一地区往往难以承受，因此应急物流一般都是由政府主导，社会各界参与、军地协同配合，具有多主体广泛参与性②。应急物流的多元主体性大大增加了系统的复杂性。

① 高东椰，刘新华. 浅论应急物流［J］. 中国物流与采购，2003（23）：22-23.
② 陈慧. 我国应急物流体系存在的主要问题与优化建议［J］. 中国流通经济，2014，28（8）：20-24.

（五）应急物流社会公益性与弱经济性

突发事件发生时，短时间内需要大量物资，从救灾专用设备、医疗设备、通信设备到生活用品等几乎无所不包。同时，伴随物流环境恶化，如道路被阻断、通信线路中断等，物资及时送达的物流成本急剧增加。在应对突发事件过程中，经济效益将不再作为物流活动的第一目标来考虑，人民群众的生命和财产安全成了首要选择。这种情境下，应急物流成为一种公益性行为，呈现出明显的弱经济性。但是，应急物流也不能完全不讲求经济效益。虽然应急物流具有弱经济性的特点，但不能因此而忽视效益问题，造成社会资源浪费。必须按照建设节约型社会的要求，在应急物流体系建设中应着力突出效益问题，搞好前端设计和预案制定，不过分固化占用平时生产建设的资源，以适度的冗余满足应急物流保障的需要，确保应急时能够以最小的代价换取最大的效益。[①]

三、应急物流体系构成

体系是指若干有关事物相互联系、相互制约而构成的一个整体。体系一般都具有集合性、关联性、整体性的特征，从不同的角度，应急物流体系可以划分为不同的结构。

（一）按照要素构成

从要素构成入手研究分析应急物流体系，并就在此基础上形成的

[①]　戴定一，王宗喜，贺登才，等. 中国应急物流体系建设研究［R］//中国物流与采购联合会，中国物流学会. 中国物流重点课题报告（2009）. 北京：中国物资出版社，2009：67-94.

应急物流运行基础和运作机制，以及从应急物流功能实现的角度进一步诠释整个体系，能够更好地指导应急物流实际建设，如图 1-1 所示。

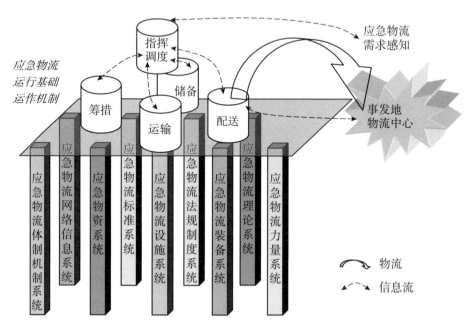

图 1-1　应急物流体系要素构成及内部关系示意

应急物流体系的基本组成要素主要包括应急物流体制机制系统、应急物流网络信息系统、应急物资系统、应急物流法规制度系统、应急物流标准系统、应急物流力量系统、应急物流设施系统、应急物流装备系统、应急物流理论系统等构件。各构件既是应急物流体系的基础要素，也是应急物流体系建设的着力点。

各构件的建立与完善，将形成应急物流运作所必需的基础环境和协调、评价、监督、竞争、激励、补偿等应急物流运作机制。只有具有良好的应急物流运行基础和运作机制，应急物流的主要功能才能得以实现。如图 1-1 所示，指挥调度功能在应急物流活动中发挥着核心作用，是应急物流体系的中枢职能，它通过信息平台实现对应急物流需求的准确感知和对物资筹措、运输、储备、配送四个实体功能的支持和控制，并最终通过配送完成对事发地"最后一米"的实物供应，从而使应急物流体系的系统功能得以充分发挥。

应急物流体制机制系统是指应急物流体系运作所需的机构设置（组织架构）、部门职责、人员编成、工作流程等。它是应急物流体系的"大脑"，发挥着指挥调度物流的功能作用，决定了应急物流的运作流程、运作方式和运作效率，在应急物流体系中处于核心地位。

应急物资系统主要包括应急物资的数量规模、品种结构、布局形式、生产能力、存在状态等相关构成要素。应急物资是应对突发公共事件的重要物质基础和基本保障条件。应急物资系统是应急物流体系的作用对象，是实现有"物"可流的必备条件。

应急物流技术装备系统和应急物流设施系统是指基于应急物流关键科技，物化为具有应急物流功能的站台、码头、交通航线和路线等各种固定设施，以及运输、库存保管、搬运装卸、包装加工等相关设备装备和机械工具等。它们是开展应急物流活动的必要条件和有效运作的物质基础。

应急物流力量系统涉及各类专业人员，包括应急物流指挥决策人员、科研工作人员、专业技术人员、操作使用人员等各级各类专业人员。这些专业人员是应急物流体系中的能动力量，具体落实各种任务，直接决定了应急物流体系建设以及应急物流保障的质量效益。

应急物流网络信息系统是指用于应急物流需求感知、传递、分析、汇总、反馈的网络信息系统，相当于应急物流体系的"神经系统"，是应急物流支撑层建设中的一项基础性工程。

应急物流法规制度系统和应急物流标准系统是指包括有关应急物流的国家法律、地方（部门、行业）法规和配套规章制度体系，政府出台的政策措施、制订的应急物流预案计划，以及各种技术标准、性能规范等，对应急物流活动主要起到规范、激励、约束等作用。

此外，应急物流理论系统包括了基础理论、应用理论和对策研究，既是推动应急物流体系建设实践的理论基础和强大动力，也是应急物流体系建设的重要组成部分。

（二）按照功能构成

应急物流主要包括筹措、储备、运输、配送、装卸搬运、流通加工、信息处理等功能要素。在应急物流战略决策管理机构的指挥控制下，应当充分运用相关保障资源，加强应急物流各功能要素系统的建设发展。其中，重点把握以下四个系统。

筹措系统。筹措部门发挥主导作用，从源头规范物资筹措的流程、方法和措施；借助政府主体地位，充分发挥各类采购、捐赠、动员能力，并依靠政府行为调动地方供应商和中介服务商的积极性，形成各级经济动员部门与采购职能机构协调机制，优化保障应急物资高效链路，盘活社会保障资源。

储备系统。随着市场机制的完善、储备技术的提升融合、物流仓储基础设施的提升覆盖，可以采取更为开放的应急物资储备方法，遵循结构合理、布局科学、规模适度、质量可靠的原则，统筹战略资源储备布局、融合模式，合理调配利用国家和社会仓储力量和资源，理顺管理体制和调配流程，推进通用物资储备社会化，从而加快生产技术能力储备转型，探索产能动员机制，统筹推进技术提升，最终形成规模效应。

运输系统。强化运力动员征用机制和法规保障，建立铁水空公管配套的联合运输体系，在法制框架内，着力攻破自成体系的本位主义壁垒。重点就适于编组运用的铁路客货车保留与研制、民用大型滚装船快速动员与加改装、民航大型货机高原飞行等问题，加强地方政府、企事业单位、军队等的沟通协调，完善运输人员、工具、技术、设施统筹结合、快速转换机制。

配送系统。充分利用社会物流日臻完善的配送网络和力量资源，充分关注无人机、无人仓等先进配送方式和理念，逐步建立平急结合、军民结合、通专结合的应急物流配送网络体系。

四、应急物流体系的基本定位

研究应急物流体系建设，首先应确定其与外部相关体系的关系。根据应急物流的特点，可以考察得出应急物流体系与应急管理体系、国家物流体系等外部相关体系的关系，划分应急物流体系的"边界"。

（一）与应急管理体系的关系

在《国家突发公共事件总体应急预案》中，就"应急保障"问题规定了人力资源、财力保障、物资保障等十一个方面的内容。其中，物资保障就是"要建立健全应急物资监测网络、预警体系和应急物资生产、储备、调拨及紧急配送体系，完善应急工作程序，确保应急所需物资和生活用品的及时供应，并加强对物资储备的监督管理，及时予以补充和更新"。因此，从这个角度来看，应急物流体系应当是应急管理体系的一个子体系，因为其主要功能就是为应对突发公共事件提供有力的物资保障，因此可以与应急管理体系中的医疗卫生、生活保障等子体系并列。

（二）与国家物流体系的关系

国家物流体系是一个复杂的巨系统，包含的要素极多。从应急应变与常态运作的角度考虑，国家物流体系中蕴含着应急物流体系，应急物流体系是相对于平时常态运作的物流体系而言的，其以应急应变为基本职能。应急物流体系在突发公共事件的应对过程中，能够迅速动员起来，保障事件初期急剧膨胀的物资需求，以衔接国家物流体系非应急部分后续的全面供给，保证物资供应的持续不间断，从而起到减少损失、保障公众生命财产安全、维护国家安全和社会稳定的重要作用。

综上所述，应急物流体系既从属于应急管理体系，也从属于国家物流体系，从某种意义上说，它是国家物流体系和应急管理体系的交集，如图 1-2 所示。这就要求，应急物流体系的建设，既要立足国家物流的全局建设，做到与常态物流体系的兼容、共享；又要立足应急管理的全程运作，处理好应急物流体系与其他子体系的关系。因此应全盘考虑、综合权衡、一体谋划，搞好体系结构的规划设计和体系建设的组织实施。

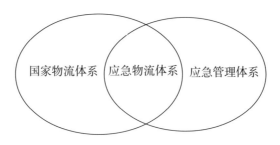

图 1-2 应急物流体系与外部相关体系的关系示意

第三节　国外应急物流建设实践与借鉴

世界政治经济战略格局的调整变化，以及全球气候变暖、宗教冲突等导致的各种天灾人祸层出不穷，促使世界许多国家和地区高度重视应急管理，力求通过有效的应急管理来减少生命财产损失，维护社会稳定发展。其中，应急物流就是一个至关重要的内容。但是，目前国外尚没有专门的应急物流体系建设的论述和介绍，一般都是将应急物流建设、保障有关内容融入应急管理中加以研究和建设的。

一、国外应急物流发展现状

美、日、德等世界发达国家经过多年探索和发展，大多形成了运行良好的应急管理体制，建立了比较完善的应急救援系统，并且逐渐向标准化方向发展，使包括应急物流在内的整个应急管理工作更加科学、规范和高效。

（一）美国应急物流发展现状

经过多年的努力，针对各种自然灾害，美国建立了较为完备的应急体系，形成了以"行政首长领导，中央协调，地方负责"为特征的应急管理模式。在地震、飓风、火山、洪水等可能造成重大伤亡的自然活动发生时，美国政府就会立即宣布进入联邦紧急状态，并启动应急计划，所有防灾救灾事务由美国联邦紧急事务管理署（Federal Emergency Management Agency，FEMA）实行集权化和专业化管理，统一应对和处置。美国联邦紧急事务管理署成立于 1979 年，直接向总统负责，下设国家应急反应队，另有 5000 多名灾害预备人员，实行军事化管理。对于各种防灾救灾工作，美国强调运用先进的高新技术，强调事先预防和模拟演练，并且针对人口密集的大都市以及人口稀少的地区灾害，均有不同的预案及救灾方式。2003 年 3 月该署并入国土安全部，成为该部四个下属部门之一。值得注意的是，美国的救灾规划还包括相应的治安组织体系，该体系平时和警方配合承担各种治安任务；在重大灾害发生时，它会迅速转变为紧急救灾体系，争取最高的救灾效率。

FEMA 设有专门物流管理机构，平时主要负责救灾物资的储备管理、各级各类救灾物资需求的预测、救灾物资配送路线的规划，以及救灾物流中心的设置等工作。当灾害发生时，物流管理单位便会迅速转入联邦紧急反应状态，根据灾害需求接收和发放各类救灾物资。美国法律规定应急行动的指挥权属于当地政府，仅在地方政府提出援助请求时，上级政府才调用相应资源予以增援，并不接替当地政府对这些资源的处置和指挥权限；当地方政府的应急能力和资源不足时，州一级政府向地方政府提供支持；州一级政府的应急能力和资源不足时，由联邦政府提供支持。一旦发生重特大灾害，绝大部分联邦救援经费来自联邦紧急事务管理署负责管理的"总统灾害救助基金"。在国际救灾应急物流方面，设有美国对外灾害援助办公室（Office of US Foreign Disaster Assistance，OFDA），负责处理各种紧急事务。目前，OFDA 在世界范围内设有 7 个应急仓库，这些仓库紧靠机场、海港，储存基本的救灾物资，诸如毯子、塑料薄膜、水箱、帐篷、手套、钢盔、防尘面具、尸体袋等。一旦某个地区发生重大自然灾害，OFDA

就会从距离其最近的仓库调拨救援物资送至灾区。美国是一个减灾法规比较完备的国家，各类全国性防灾法律有近百项。目前，在法律法规方面，美国的灾害应急处理法规主要有《灾害救助和紧急援助法》《国家地震灾害减轻法》《全国紧急状态法》等。美国的《全国紧急状态法》不仅明确了政府在指挥系统、危机处理和全民动员等方面的职能定位，而且对公共部门如警察、消防、气象、医疗和军方等的责权做了具体的规范，当然其中也不乏对应急物流相关活动的规范。

（二）日本应急物流发展现状

由于日本特殊的地理位置以及地质条件，该国经常遭受地震、台风等自然灾害的侵袭。因此，对设计防灾、救灾计划，以及开展防灾、救灾演习等方面，日本政府一向非常重视，形成了以行政首脑指挥、综合机构协调联络、中央会议制定对策、地方政府具体实施为特征的应急管理模式。日本的防救灾体系分为三级管理，包括中央国土厅救灾局、地方都道府以及市、乡、镇救灾部门。各级政府防救灾管理部门职责任务明确、人员机构健全、工作内容完善、工作程序清楚。每级组织都会定期举行防救灾工作汇报，并制订防救灾计划。计划包括防灾基础计划、防灾业务计划、地域防灾计划等。日本非常重视提高公众的防灾意识，把 9 月 1 日定为国民"防灾日"。在每年的这一天，都要举行由日本首相和各有关大臣参加的防灾演习，全民的防灾演练一方面提高了国民的防灾意识，另一方面检验了中央及地方政府有关机构的通信联络和救灾、救护、消防等部门间的运转协调能力，并对各类人员进行实战训练。可以说，日本已经建立起了完整的防救灾体系。在应急物流管理上，日本的主要做法包括：制定灾害运输替代方案，事前规划陆、海、空运输路径（海运和空运受震灾影响小，所以多利用这些资源）；编制救灾物流作业流程手册，明确救灾物资的运输、机械设备以及其他分工合作等事项；预先规划避难所，平时可作他用，一旦发生灾害，立即转成灾民避难所，并作为救援物资发放点；对救灾物资进行分阶段管理，将救灾物资的配送工作分为三个阶段。第一阶段由政府行政单位负责，包括救援物资的收集、存放和运输；配送中心 24 小时作业；要求军队协助进行交通管制，维护紧急物品的运输。第二阶段由物流公司负责（根据政府要求采取较主动的方式进行配送），选择车站等 4 个配送中心，重点关注提升配送效率；委托物流公司进行专业配送、储存管理；配送中心的配送频率控制在每天不超过 50 辆次；选择 2 个地点作为储存性仓库。第三阶段仍由物流公司负责（但根据灾区需求采取较为被动的方式，即依据订单进行配送）。配送中心减少到 2 个；委托物流公司进行专业配送、储存管理；配送中心的配送频率控制在每天 2 辆次。事实上，日本的救灾物资管理已经充分利用了现代商业的物流发展成果。此外，根据救灾物资性质分送不同的仓库，对社会捐赠灾区的必需物资，经过交叉站台分类后直送灾民点，对社会捐赠的非必需物资或超过灾区需要的物资，则送到储存仓库，留待日后使用。

（三）德国应急物流发展现状

德国拥有一套较为完备的灾害预防及控制体系，德国的灾害预防和救治工作实行分权化和多元化管理，在应急物流管理中由多个担负不同任务的机构共同参与和协作，最高协调部门是公民保护与灾害救治办公室，其隶属联邦内政部。在发生疫情等公共卫生事件以及水灾、火灾等自然灾害的时候，消防队、警察、联邦国防军、民间组织以及志愿组织等各司其职、齐心协力，最大限度地减少损失。德国是较早为救灾物流建立民防专业队伍的国家，全国除约6万人专门从事民防工作外，还有约150万消防救护和医疗救护、技术救援志愿人员。这支庞大的民防队伍均接受过一定专业技术训练，并按地区组成抢救队、消防队、维修队、卫生队、空中急救队。德国技术援助网络等专业机构可以为救灾物资的运送和供应等方面提供专业知识和先进技术装备的帮助，在救灾物流中发挥了重要作用。此外，德国还有一家非营利性的国际人道主义组织，即德国欧中健康联合促进总会，长期支持健康计划并对紧急需求做出立即反应，在救灾物流管理中也发挥了极其重要的作用。据了解，该组织每年通过水路、公路、航空向世界80多个国家和地区配送300多万公斤的供给品，并利用计算机捐赠管理系统，保持产品的高效率移动。一旦需求被确定，供给品通常在30~60天内就会迅速运送到指定地点，避免了医药物品的库存。同时，一旦有灾难通知，该组织就会立即启用网络通信资源，收集灾难的性质、范围等信息，并迅速组织救灾物品配送到指定救助地点。

二、国外应急物流建设经验借鉴

综上可以看出，尽管各国应急物流模式因国情不同而各具特色，但也有一些共性的做法，这对我们发展应急物流、科学规划应急物流体系建设提供了重要的经验借鉴。

（一）建立协调有效的应急物流管理体系

各国都依据法律建立立体化、网络化的应急物流管理体系，该体系包括从上到下的常设专职机构、相关专业人员组成的抢险救援队伍、严格而高效的政府信息发布系统及明确的政府职能和部门合作、超前的灾害研究和事故预防机制、普遍的灾害意识培养和全社会的应急培训、充足的应急准备和可靠的信息网络保障。

(二) 健全应急管理法规体系

法律法规既是约束公民言行举止的行为规范，又是维护社会秩序、保障国家机器正常运作的有效手段。由于应急物流具有突发性、不确定性、需求的急迫性、弱经济性和非常规性等特点，其运作涉及的地域、部门、人员成分比较复杂。许多国家通过制定系统完善的法规体系，有效地保障了所有纳入突发事件应急系统的部门依法处理应急物流工作，对突发事件期间管理权限的集中和社会资源的调配做到依法实施，并规范和约束了公民的言行，规定了公民的权利和义务。依托国家应急管理法规体系建立健全应急物流相关法规制度，已成为当前世界各国的普遍做法，法规条例不但全面而具体地阐述和规定了各级相关部门的职权，还详细地规定了行业在国家紧急状态下应承担的义务和人力利用问题，保证了紧急状态下能够快速实施有序和高效的应急保障。

(三) 建立完善的应急物流预案

由政府统一负责指挥自然灾害预防、救治的所有工作，包括建立完善的应急物流预案，以及制订防灾计划、定期开展防灾救灾演习、开展应急物流演练等。预案应根据不同类型的自然灾害事先规划陆、海、空运输替代路线，如在地震灾害中，会伴随发生道路阻断、泥石流、滑坡等灾害，常规道路交通将难以发挥机动灵活、"门到门"的优势，这时需要选择空运或海运等适宜的替代运输方案，实现救灾物资的及时运送。此外，还将民间组织以及志愿组织等非政府部门纳入防灾救灾体系中，配合政府工作，齐心协力顺利完成应急物流的全过程。

（四）建立科学合理的应急物资储备

各国根据可能发生的不同灾情，对各类救灾物资的需求进行科学预测，依此建立规模适中、布局合理的应急救援物资库，这些应急救援物资库平时储存应急物资；一旦发生自然灾害，则由专业的物流公司迅速从应急救援物资库提取救灾物资，送往灾区；灾害发生后，社会采购或捐赠的救灾物资需要汇集至应急救援物资库，在应急救援物资库分类拣选后统一配送至灾区。

（五）广泛应用信息管理技术

无论是战争还是突发事件，信息流无疑是应急物流和救灾援助的一个瓶颈，它是保证在应急状态下将适当数量的所需物资在适当的时间送到适当的地点的关键。为了对各种灾难开展预防、对比、应对、修复等工作，各国充分利用高新技术和信息网络，构建了灾难管理业务支援、灾难管理、物资管理、地域管理、受灾状况管理、恢复计划管理、私有财产受灾举报、特定对象管理等完备的管理信息系统。完备的信息管理系统有效地提高了政府决策的科学性和救灾防灾的能力。

（六）运用现代物流知识和供应链管理理论指导应急物流

将现代物流知识及供应链管理理论充分运用到自然灾害应急物流

管理中。自然灾害发生前，应预测救灾物资需求量和实施救灾物资库存的动态检测，避免过高的库存水平和较高的储存成本；自然灾害发生后，根据灾害实际，适时地选用物资供应的供应推动方式或需求拉动方式。

第四节 我国应急物流体系建设现状

2003 年以来，随着我国应急管理体系的建立与完善，应急物流理论研究和实践探索也在不断丰富和发展。

一、我国应急物流体系建设取得的成绩

从总体上来看，我国应急物流体系建设的基础条件基本具备，功能要素初步形成，并越来越受到决策部门的重视。随着现代物流及其相关行业的迅速发展，我国的交通运输基础设施建设不断加强、覆盖全国的综合交通体系基本形成、物流区域布局不断优化、物流节点城市初步形成、物流企业快速发展、物资储备体系逐步完善、物流装备技术快速提升、物流人才队伍不断壮大，这都为应急物流体系建设打下了良好的基础。

（一）应急物流理论研究不断迭代更新

应急物流理论研究起源于 2003 年非典疫情的暴发和蔓延，在国家应对突发公共卫生事件的背景下被迅速提上了日程。在提升药品等应急物资保障水平、加快国家应急管理体系建设的同时，对将现代物

流理论运用于国家应急管理领域进行了有益探索。20多年来，伴随应急管理研究的迅速发展，应急物流理论研究和学术交流越发受到重视。2009—2023年，中国物流与采购联合会应急物流专业委员会共举办了11届"军事物流与应急物流研讨会"，先后在上海、西安、武汉、广州、青岛、贵阳、漯河、深圳、海口、重庆等地成功举办，汇聚了应急物流发展建设的智慧与理论成果。

（二）应急物流建设的战略地位得到显著提升

国家先后出台了有关物流业的各类规范性文件，文件都重点提到了应急管理、应急物流、应急物流建设，它们都受到了前所未有的关注，其基础性、战略性、先导性地位得到显著提升。例如，2009年，国务院发布《物流业调整和振兴规划》，首次提出了"应急物流工程"，这标志着应急物流已经进入国家宏观战略决策，揭开了应急物流建设的新篇章。2014年10月《国务院关于印发物流业发展中长期规划（2014—2020年）的通知》（国发〔2014〕42号）发布，该通知指出应"着力加强物流基础设施网络建设"并明确"进一步完善应急物流基础设施，积极有效应对突发自然灾害、公共卫生事件以及重大安全事故"；在"应急物流工程"中要求"建立统一协调、反应迅捷、运行有序、高效可靠的应急物流体系"。2014年12月发布的《国务院办公厅关于加快应急产业发展的意见》（国办发〔2014〕63号）中，将应急物流列为"应急服务"重点方向之一。2015年8月国家发展改革委颁布《关于加快实施现代物流重大工程的通知》，要求应重点引领企业开展应急物流工程等领域的项目建设。2019年3月，国家发展改革委等24部门联合发布的《关于推动物流高质量发展促进形成强大国内市场的意见》中，强调物流业是支撑国民经济发展的基础性、战略性、先导性产业，并从 6 个方面提出了 25 条具体措施。2019 年 11 月，习近平总书记在中央政治局第十九次集体学习时强调，要充分发挥我国应急管理体系特色和优势，积极推进我国应急管理体系和能力现代化，坚持群众观点和群众路线，筑牢防灾减灾救灾的人民防线。在国家应急管理体制改革背景下，包括应急物流在内的应急管理体系获得了加速发展的新契机。2020 年 9 月，在中央财经委员会第八次会议明确指出，要认真研究应对新冠肺炎疫情的经验，加快建立储备充足、反应迅速、抗冲击能力强的应急物流体系。2022 年发布《国务院办公厅关于印发"十四五"现代物流发展规划的通知》，要求"完善应急物流设施布局。整合优化存量应急物资储备、转运设施，推动既有物流设施嵌入应急功能，在重大物流基础设施规划布局、设计建造阶段充分考虑平急两用需要，完善应急物流设施网络。"

（三）应急物流的标准规范建设逐步加强

2017 年，国务院办公厅发布《国家突发事件应急体系建设"十三五"规划》，明确提出"大力推动应急物资储运设备集装单元化发展，加快形成应急物流标准体系，逐步实现应急物流的标准化、模块化和高效化。充分利用物流信息平台和互联网、大数据等技术，提高应急物流调控能力"。应急物流标准作为军地协同、供应链协同的"基础语言"，是应急物流高效运行的重要参数，国家在规范物流标准、构建物流标准体系方面已取得长足进步。例如，国家质检总局、国家标准委 2014 年 12 月发布的中华人民共和国国家标准公告（2014

年第 33 号），公布了 GB/T 30674—2014《企业应急物流能力评估规范》和 GB/T 30676—2014《应急物资投送包装及标识》两项标准，标准均在 2015 年 7 月 1 日起施行。2018 年以来，WB/T 1099—2018《应急物流服务成本构成与核算》、WB/T 1072—2018《应急物流仓储设施设备配置规范》、GB/T 40413—2021《应急物流公共标识代码编制规则》、WB/T 1113—2021《应急物流数据交换格式》、WB/T 1114—2021《应急物流数据交换通用要求》、WB/T 1122—2022《应急物流基础信息分类与代码》、WB/T 1123—2022《应急物流基础数据元》、WB/T 1124—2022《应急物流公共数据模型》、WB/T 1133—2023《企业应急物流服务能力评估指标》等一系列应急物流国家标准和行业标准相继公布并施行。

（四）应急物流资源统筹和融合发展步伐加快

2019 年，中央军民融合发展委员会办公室、国家发展和改革委员会、工业和信息化部、应急管理部、退役军人事务部、国家粮食和物资储备局等相关国家部委，以及军委机关、联勤保障部队等单位协力推进应急物流事业发展，指导各地各部门加强资源统筹，强化军地协作，推动更多社会力量加入国家应急物流工作，提高应急物资保障能力。河北省为摸清全省自然灾害救助物资和应急救援物资底数，多渠道开展全省应急物资资源排查，汇总七大类应急物资装备信息资料，基本建立了省、市、县三级自然灾害救助物资和应急救援物资信息台账，应急管理厅与省粮食和物资储备局进行接洽，对除国储物资以外为社会代储的几百种各类物资资源进行初步了解，为下一步实现各类应急物资信息共享、调用和建立应急物资信息共享平台拓展了社会资源。甘肃省出台了《关于加快建设全省新型应急管理体系的意见》，坚持夯实基础，加强统筹协调，全面推进应急部门与水利、自然资源、林草、气象等部门信息系统的深层次互联互通，共享基础数据，建立实时会商机制，逐步实现应急管理"一张网"调度指挥信息保障体系，有效提升了应急物流指挥效能。

（五）应急物流科技进步和模式创新快速迭代

我国不断推动物流科技进步和模式创新，相关工作已纳入"十四五"规划前期研究论证，这在带动行业转型升级方面发挥了重要作用。国家重点研发计划项目"应急物流关键技术研究与应用示范"等相关课题研究任务已顺利完成；国家发展改革委、国家粮食和物资储备局、应急管理部等国家相关部委下达应急物流相关课题研究任务，将国内外先进的物流技术装备和模式机制引入应急物流。通过对移动互联网、大数据、人工智能等先进技术和算法的运用，提升物流运输的效率、效益及安全性；利用地理信息系统、北斗系统、卫星遥感技术等对应急物流设施装备进行定位、跟踪；以先进技术支撑应急物流信息系统和指挥决策支持系统，提高应急物流指挥管理水平。

二、我国应急物流体系建设存在的问题

从历次应对突发事件的实践来看，应急物流仍存在诸多问题，究其根本原因，可归纳如下：我国尚未建立起健全完善、平急一体的应急物流体系，顶层规划不足，运行机制尚待完善，物流设施欠缺应急化改造，应急物流技术装备发展滞后，应急物资储备存在短板弱项，应急物流队伍建设在低水平徘徊，未能形成一体化的应急物流信息系

统支撑体系运行。

（一）应急物流体系缺乏顶层规划

应急物流作为一种公益性活动，政府在应急物流建设中必须发挥主导作用，其公共服务职能主要体现在对社会资源的统筹、整合，从宏观层面计划调控和优化配置社会应急物流资源。对于应急物流建设中全局性、关键性和导向性的问题或环节，应突出政府的主导作用，加强政策引导和行政干预，确保应急物流建设始终沿着正确的建设方向进展。目前，多数地方政府应急物流建设还缺少具体的项目支撑，可操作性不强，原则性的目标要求过多，缺乏科学合理的配套措施。即使个别地方政府启动了应急物流配套项目，但在建设布局上仍缺乏统一规划和优化整合。

（二）应急物流运行机制不够健全

应急物流缺乏统一的指挥调度机制。从全局来看，国家没有一个部委或机构对全国的应急物流资源包括国有资源和社会资源进行统一安排和调配。各部门、各系统大多从各自职能出发提出计划，缺少综合性的统筹安排，造成应急物流资源局部占用过度、通道阻塞；应急物资优先顺序不明确、保障重点不突出，局部出现无序分发、物资短缺匮乏和积压过剩并存。应急物流中转调度缺少必要的仓储设施设备，应急物资易于在车站、港口、码头等交通枢纽大量积压。应急物流在途运输信息难以及时准确流转反馈，难以做到实时可视可控、精确调度配送。从新冠疫情应急情况来看，从国务院办公厅、发展改革委、交通运输部、卫生健康委、公安部、国家邮政局到行业协会，均发布了应急物流方面的通知要求，三令五申公路交通保通保畅、方便应急运输车辆通行证办理、应急运输保障人员不实行隔离等。但由于缺乏统一的指挥调度机制，实际效果不佳，违规设卡设障、隔离人员、关停物流场地等问题不同程度存在。此外，由于缺乏统一的指挥调度，一些重点物流快递企业接到相关政府部门、军方和各地政府的多渠道应急物流运输需求，这些分散的应急物流需求让企业难以应对，加之要求高、春节期间运力不足，企业难以有效调配资源和优化保障，大量应急物流需求不能及时保障。

应急物流预案响应机制不够健全。各类预案对于应急物流的规定多是原则性要求，缺乏可操作性。由于预案在运力征集、物资集结、通道使用等诸多方面没有做出细致明确的规定，往往会导致灾害救援中出现协调不力、工作混乱的不利局面。2008 年年初我国南方大部分地区遭遇低温雨雪冰冻灾害，从大面积受灾到全国统一协调救灾物资保障行动，延迟了近一个月的时间，足以反映应急物流预案不足的严重问题。

应急物流市场化运营机制尚未建立。应急物流规划建设应当发挥市场法则对社会资源优化配置的作用，引导具有资格的应急物流企业积极参与、主动作为。但目前由于缺乏有效的机制，如资质认证、征用补偿等，难以有效调动物流企业投入应急物流建设的积极性，无法发挥管理运营、资源整合和服务运营网络等方面所具有的明显优势。

（三）物流设施应急保障能力不强

我国运输通道应急能力总体不足，公路联通性和抗损毁性较弱，民航支线机场数量不足、通航能力差，主要干线或重点区段的铁路运输瓶颈问题突出，部分地区铁路网络覆盖率偏低；综合交通网络区域分布不平衡，部分区域运输网稀疏，公路、航空等领域的配套设施不完善，铁路、公路、航空等运输方式的替代性与机动性不强，缓冲能力储备不足。应急物流仓储、转运设施数量规模不足，应急保障能力不强，无法按照需求进行应急物资的分类包装、设置标识、集配装箱。例如，2008 年低温雨雪冰冻灾害发生后，灾区地面运输通道曾一度被雨雪封堵，只能采用迂回绕行等办法来应对。汶川地震后，铁路、公路等地面运输通道因某些区段遭遇山体滑坡而断开，空中运输通道因气象条件恶劣而无法实施，造成大量物资无法顺利进入灾区。特别是甘肃徽县境内的宝成铁路 109 隧道严重塌方，21043 次货物列车在隧道内出轨起火，12 节装运汽油的罐车被埋，导致宝成铁路中断了 12 天。正在进行铁路输送的原济南军区某部不得不临时改用摩托化机动方式入川救灾，大批原计划走宝成铁路的救灾物资也被迫绕道改走其他线路或空运。

（四）应急物流技术装备相对落后

随着物流产业的确立和进步，近年来物流装备得到了长足发展，先进的机械化、信息化装备不断应用于物流领域，有效地提高了物流作业的效率与效益。但目前我国还没有形成系统配套、功能完善，精干高效、结构合理的应急物流技术装备体系，特别是在实践中行之有效的工具器材在配备、使用上还没有得到足够的重视。由于突发公共事件种类繁多，加之应对某类突发公共事件的物流装备具有较强的专业性，这在客观上造成了应急物流专用装备研制开发滞后、配备不到位的问题。此外，突发公共事件具有地域不确定性，这就要求在事发地开设临时装卸场，以确保应急物资能顺利运送到位，但目前我国缺乏专业的野外装卸搬运设备，加之装卸场到最终用户之间可能不具备使用汽车等普通运输工具的条件，致使"最后一公里"成为难以逾越的障碍。此外，无线射频识别、卫星定位导航等先进技术在应急物流领域的应用不够；重型、两栖等特种应急物流载运投送装备和全地形、野战化、高速化的装卸搬运机械设备配备不足；没有形成统一的应急物流指挥调度平台，管理信息系统不够完备；应急物资组配、包装、标识等技术水平较低等，严重影响了应急物流。目前，仓储保管、运输配送、装卸搬运等相关的设施设备投入不足，灾区分发地域一般无专业搬运设施设备，灾区的物流作业仍以人工操作为主，这就造成了各地运往灾区的物资在短时间内达到峰值时，分拣与配送成为难题。

（五）应急物资储备调用缺少统一协调

抗击新冠疫情中，暴露出实物储备在保障重大突发事件峰值需求时的局促性，特别是当疫情发展到全国后，全国应急物资保障体系尤其是市场化供应链体系被地方应急需求、政策所干扰，全国"一盘棋"统筹应急物资保障受到巨大挑战，这在一定程度上影响了一线抗疫效果，社会应急物资整体利用效率达到了机制性"天花板"。特别是应急物资储备结构性问题突出，自然灾害、事故灾难应急物资储备较为丰富，但突发公共卫生事件应急物资储备却严重不足。新冠疫情暴发初期，医用防护服、护目镜、医用外科口罩、N95口罩、相关药品等紧急医用应急物资严重短缺，各地医疗应急储备只能应对一个小规模的疫情。政府组织企业加紧重点医疗应急防控物资生产，但受春节期间缺少原材料、员工不足等因素影响，医用口罩、医用防护服等产能跟不上爆发式医用物资需求，反映出产能储备的不足。

（六）应急物流队伍建设较为滞后

目前，各级政府尚未建立起集中统一指挥调度和管理运行的应急物流企业队伍；应急物流力量调用缺乏必要的法规保障和预案支持，缺少鼓励引导物流企业积极参与的经济补偿机制。应急物流专家智力资源整合不够，专家队伍建设缺乏有效的机制，在辅助决策、专家咨询等方面尚未形成合力；志愿者力量运用研究不够，配套保障和对接措施不够得力，缺乏有效的应急培训机制和整合调用预案。

新冠疫情发生后，武汉等救灾物资集散地的仓库、货站缺少专业人员进行物资入库、出库管理，执行层面工作人员连简单的物资分类存放、标识等仓储管理常识也不具备，很多物资没有建账登记，甚至连品种、规格、数量等信息也无法获取，因而物流作业现场混乱不堪，作业效率非常低下。物资入库后，由武汉红十字会统计并归档，由于审批、分配流程过于烦琐，造成物资积压、前线医院物资供应不及时等问题。武汉市防控指挥部及时引入九州通医药物流公司进行物资入库、出库流程再造，直到九州通的专业保管人员接手之后情况才逐步发生改观。此外，由于缺乏应急预案，多数物流企业在疫情发生后措手不及，甚至找不到足够数量的驾驶员。

（七）应急物流信息系统整合不足

我国历次突发事件处置的实践表明，应急物流保障活动存在严重的信息"迷雾"，应急物流的资源信息、需求信息和运行状态不能及时准确地被指挥调度机构所掌握控制。实际上，应急物流相关的信息资源并不匮乏，相反，一个分布广泛、规模庞大、信息丰富的"数据海洋"已客观存在，但其中大量的数据存在零散、无序、冗余、隔离、失真、过时、无效等诸多问题，还不能对应急物流有关决策活动提供强有力的支持。相对于丰富的社会物流资源而言，这些与应急物流保障密切相关的信息资源还缺少必要的整合，应急物流信息体制尚不统一，应急物流信息系统互不兼容，应急物流信息难以统一呈现。我国尚缺乏能呈现物资需求、物流资源、物流通道及环境信息的平台系统，缺乏数字化、智能化基础上的应急物资保障"国家大脑"，应急物流资源无法实时、动态地以"一张图""一张网"的形式呈现，更无法基于大数据，快速匹配供需对接与物流管理。

从新冠疫情中的应急物流来看，以支援武汉为例，社会运力在总量上是没有问题的，除口罩、防护服等由产能决定的专业物资外，大部分应急与生活基本物资社会总量也是够的，但初期运不到、运不进疫区的问题却极为突出，技术应用缺乏造成的应急物资与应急运力有效协同、高效对接的困难和矛盾极为突出。在市场侧大数据能力已经极为成熟的今天，政府侧并没有全国应急物流大数据平台体系，从全国层面进行应急资源对接，而企业类平台只能在本企业能力范围内进行区域性的资源对接。从全国来看，物资与运力协同度较低，货找车与车找货同时存在。当前，我国应急物流大数据平台仍在建设阶段，长效的数据库系统仍然不完善，各数据库之间尚未实现互联互通，仍然存在"信息孤岛"的现象。此外，目前应急物流基础数据系统存在信息获取自动化程度不高、数据处理智能化水平较低、数据共享不充分等问题，需要新的治理思路与方案来解决这些问题。

第二章 应急物流体系建设总体构想

　　鉴于我国独特的国情、民情与管理体制，如何构建与现代化治理能力相匹配的应急物流体系，没有现成的经验可循。为此，必须以需求为牵引、以问题为导向，科学设计、统筹规划，首先搞好顶层设计，明确应急物流体系建设的指导思想、原则和目标、任务。

第一节　指导思想和原则

一、指导思想

　　应急物流体系建设的指导思想是，全面贯彻落实习近平新时代中国特色社会主义思想，以习近平总书记关于"积极推进我国应急管理体系和能力现代化"等系列重要讲话精神为指导，依据《中华人民共和国突发事件应对法》《国家突发公共事件总体应急预案》和现代物流相关规划等有关法规文件，立足有效应对突发事件，按照常急一体、军地协同，政府主导、社会参与，着眼需求、兼顾效益，顶层设计、系统谋划，立足现有、优化整合的原则，建设反应迅捷、高效可靠、具有良好综合效益的应急物流体系，为实现经济社会科学发展、构建社会主义和谐社会、有效应对突发事件提供坚强的应急物流保障。[①]

---

　　① 王宗喜，徐东，黄定政. 关于应急物流规划的几点思考［J］. 中国流通经济，2010，24（6）：20-22.

二、基本原则

应急物流体系建设的基本原则如下。

一是常急一体、军地协同。一方面，树立应急物流体系必须基于常态物流体系同步建设的理念，摒弃"自立门户、另搞一套"的错误思路，在现代物流体系建设中贯彻应急要求，实现应急物流体系的构建。同时，按照"平时服务、急时应急、战时应战"的要求，强化应用导向，构建的应急物流体系应既能满足应对突发事件和军事冲突应急物流实战化保障的需求，也能兼顾平时物流生产，力求实现常急一体。另一方面，从国家安全发展战略的高度，重视发挥军队的骨干和突击作用，构建军民良性互动的协作机制，统筹规划、优化整合军地应急物流资源，全方位、多角度实现应急物流军地协同发展，全面提高应对突发事件应急物流保障能力。

二是政府主导，社会参与。要把政府主导与市场运作两条主线放到同等重要的位置并实现有机统一。一方面，对于应急物流建设中全局性、关键性和导向性的问题或环节，突出政府的主导作用，加强政策引导和行政干预，在确保应急物流建设方向正确性的同时，把公共服务的职能与使命突出出来，充分发挥国家集中力量办大事的体制优势；另一方面，适应应急产业快速发展的形势，重视市场对应急物流资源配置的积极作用，积极推动制度创新，引导社会物流资源参与应急物流建设，以有效的法规政策鼓励物流企业加大应急物流建设的投入，充分发挥大中型物流企业的管理优势、资源优势和服务运营网络优势，用社会与市场的力量来对政府应急能力的形成作有益补充。

三是着眼需求，兼顾效益。按照国家经济社会发展战略，着眼满足有效应对突发事件应急物流的多样化需求，全面提高应急物流能力。着重加强应急物流体系建设的前端设计，突出提高应急物资调度转运效率和路径优化水平，合理调整应急物资储备布局结构，建设必要的备灾冗余通道。同时，还要强调"成本—效益"原则，避免浪费，在满足应对突发事件需要、获得社会效益的同时，尽最大限度兼顾经济效益。

四是顶层设计，系统谋划。从国家安全发展战略的全局出发，强化自上而下的顶层规划设计，按照系统集成的要求，高起点谋划、前瞻性设计，统一协调组织建设，优化整合应急物流资源，针对各类突发事件多发易发区域分布特点和可能需求，切实增强物流节点的保障效能，逐步形成功能齐全、结构合理、系统配套的应急物流体系。

五是立足现有，优化整合。充分发挥现有资源条件的功能作用，采取立项新建与升级改造相结合的方式，以改造为主、新建为辅，切实加大应急物流资源和力量的整合力度，有效增强应急物流建设的质量效益。按照急用先建、固强补弱的要求，统筹规划设计，突出重要功能节点、兼顾整体综合效能，突出当前急需建设项目、兼顾未来长远发展，以具有重大示范效应的战略层次综合型应急物流中心建设为突破口和切入点，制订周密计划、加大投入力度，分阶段有步骤地推动落实各项建设任务。整合利用现有资源，以重点、难点、热点、关键点的突破来带动整体的发展，边研究边建设，边建设边使用，在实践中及时检验建设的效果和质量，达到迅速推广、全面推进和整体跃升的目标。

提出以上指导思想和基本原则，主要基于以下考虑：①全面分析应急物流建设现状，充分认识当前应对突发事件的严峻挑战，准确把握社会经济发展对应急物流建设的迫切需求，切实抓住推动应急物流建设的历史机遇期；②应急物流体系建设是构建社会主义和谐社会、加强政府应急管理能力的重要支撑，必须贯彻落实科学发展观，坚持以人为本，把减少突发事件造成的损失、加快应急救援、降低人民生命财产损失作为根本目标；③应急物流作为一种公益性活动，政府在应急物流体系建设中必须发挥主导作用，而且政府的公共服务职能主要体现在对社会资源的统筹、整合上，需要重点突出政府层面应急物流指挥调度、组织协调体制机制的建立健全和配套完善；④社会参与应急物流建设的主要力量是应急物流有关企业，需要采取有效措施，按照市场化手段鼓励、引导社会力量参与应急物流建设，促进应急物流"产、学、研、用"紧密结合、"政、军、企、协（行业协会）"互动发展，确保社会层面应急物流资源的优化整合、科学配置和统筹利用；⑤应急物流建设是一项系统工程，需要运用综合集成的理论方法，优化整合现有资源，以增强应急物流全程功能作用为目标、以系统结构优化为核心、以整体效率最大为导向，立足现有条件，着眼长远发展，统筹规划任务模块，把握重点、整体推进；⑥军队在进行应急应战方面具有较大的组织优势，拥有快速的反应能力和较强的专业力量，在运作方面也可为突发事件应急物流所参考借鉴。以上六点有助于达到常态化建设、科学化管理、规范化运作的目的，实现应急物流建设又好又快发展。

第二节　建设目标

鉴于应急物流具有外部需求和体系能力双重的不确定性，应急物流体系应在平时维持充足的应急物流能力的同时，不过多占用资源，不影响常态物流体系的正常有序运作；在应对突发事件时，必须能够快速响应事发地对各种类型应急物资的需求，并确保应急物资能够畅通无阻、及时可靠地配送到终端用户。因此，必须合理确定应急物流体系建设目标。

一、总体建设目标

考虑到突发事件多发易发且可能同时发生，兼顾经济可承受度和投入的可能性，在当前情况下，将应急物流体系建设的总体目标确定为：2027 年年底前，建成满足应对突发事件物资保障需要的应急物流体系，组织管理体制健全，应急物资储备布局合理，物流基础设施应急功能完备，技术装备先进适用，应急物流信息顺畅，法规标准配套完善，应急队伍初具规模，全面满足突发事件应急的物资保障需要，具备同时应对一场特别重大（响应级别为Ⅰ级）突发事件和一场重大（响应级别为Ⅱ级）突发事件的应急物流保障能力。

二、结构要素目标

首先，形成精干高效的应急物流指挥协调和组织管理体系，包括组织机构、运行流程、协作关系等。其次，构建功能完备的应急物流信息平台和保障网络，包括信息系统、指挥平台、保障网点、力量体系等。再次，建立配套完善的应急物流法规政策和标准规范，包括有关法律法规、政策措施和标准规范。最后，在要素指标完成的基础上，搭建应急物流体系框架结构，形成系统配套、关系协调、精干高效的运作体系。

三、时间量化目标

大幅提高应急物流的速度效率，加快各级各类部门应对突发事件应急物流响应速度，提高应急物资调度转运、配送分发能力，实现 8 小时内完成应急物资和应急运力的调集，力争全国范围 24 小时内将急需的应急物资调运投送到事发地区。这个指标是在参照《国家综合减灾"十一五"规划》的基础上确定的。该规划规定，"灾害发生 24 小时之内，保证灾民得到食物、饮用水、衣物、医疗卫生救援、临时住所等方面的基本生活救助"。《国家综合防灾减灾规划（2011—2015 年）》进一步提出，"自然灾害发生 12 小时之内，受灾群众基本生活得到初步救助"，强调了救灾初期的应急物流保障。但是，考虑到全面救助的复杂性、系统性、广域性以及资源条件的现实可能性，仍将 24 小时作为时间量化指标。

四、效率效益目标

逐步增强应急物流的质量效益，在满足需求的前提下有效降低物流成本，应急物流效率和保障能力显著提升。具体而言，科学规划应急物资储备布局结构，优化应对突发事件应急物资调运投送路径，提高应急物流投送包装标识技术水平；增强应急响应能力，减少非必要损耗，满足平时生产流通应急需要，努力降低应急物流成本；强化应急物流建设的前端设计，最大限度地提升应急物流保障效率，并尽可能实现综合效益的最大化。

第三节 主要任务

按照整体谋划、系统设计的思路，统筹规划应急物流保障涉及的相关要素，重点从应急物流组织体系、物资储备、设施装备、网络信息、队伍建设、法规标准等方面谋划，将其作为应急物流体系建设的主要任务，以确保应急物流体系结构合理、关系顺畅、要素齐全、功能完备。

一、健全应急物流组织体系

应急物流组织体系是应急物流的"大脑"，健全的应急物流组织体系能够有效增强应急物流运行的效率和效益。目前我国应急物流组织指挥力量较为分散，还没有形成横向联动、纵向集成的一体化指挥管理体制和整体联动的保障合力。因此，需要建立责任明确的组织机构。整合现有应急物资储备与供应调度管理机构和资源，构建战略性、全局性、相互协调、密切配合、资源共享的大物资保障体系。重点是明确应急物流主管或牵头部门，各级地方政府根据实际情况指定发展改革、交通、应急等部门作为本级政府的应急物流主管或牵头部门，并明确应急物流保障职责任务，对应急物流实施集中统一的管理和指挥。规范有关部门应急物流管理程序和内容，优化应急物流标准化组织流程，建立完善军地协调机制，以形成横向联动、纵向集成的组织体系。

二、完善应急物资储备体系

应急物流必须有"物"可"流"才能称其为"物流",因而应急物资储备是必不可少的重要内容。要构建集实物储备、合同储备、生产能力储备于一体,中央、地方和基层单位分层分级,政府、企事业单位和个人相互结合的立体化、多层次应急物资储备体系,确保"备得有、找得到"。加大特殊应急物资的储备,按照布局合理、规模适度、结构优化、质量可靠的要求,将应急物资储备与国家战略物资、军队物资储备有机结合起来,实现政府、军队、市场和家庭"四位一体",合理安排应急物资储备规模及结构,建设网格化布局的应急物资储备中心库。着力加强中央、省、市、县、乡上下衔接、横向支撑的应急物资储备保障体系构建。中央及省(区、市)地方财政在年度财政预算中,应设立应急储备专款。建立应急物资储备与供应调拨决策和监督体系,负责制定储备法规和政策,编制储备规划和计划,收集整理相关储备信息,监督储备计划的实施。

三、发展应急物流技术和设施设备

交通运输、仓储保管等应急物流相关基础设施是应急物流运行的基本依托。应急物流主管或牵头部门应加强与交通规划部门的协调,在国家交通建设规划中贯彻应急物流保障要求,提高现有交通网络的应急能力,着重增强重点关键路段(航线)的备灾抗毁能力,逐步形成精干高效、系统配套的应急物流保障网。同时,为了避免因突发事件造成道路损毁而迟滞了救援行动的展开,确保应急物流通道的通达性,相关部门还应依托高速公路服务区、收费站等,根据需要,在高速路网每隔一定的间隔修建一个简易直升机应急停机坪，并在重要的高速公路、国道（省道）并行路段每隔一定的间隔建设一条连接匝道或简易通路，对匝道进行合理布置，增加出入口，提高高速公路的迂回能力，增加应急状态下运输车辆的通行能力。加强与国家物资储备系统、应急管理部门的协调，以国家或行业标准的形式规范应急物流仓储设施建设和设备配备，明确升降月台、移动登车台、坡道、库门、出入库道路和直升机停机坪等设施的技术性能参数，以及起重机、吊运车、手铲车和信息化装置等设备的型号和数量，保持和提高应急物流作业能力。

四、提升应急物流信息化水平

加快推进应急物流信息资源开放共享，着力在部门之间、中央与地方之间、军地之间、政企之间构建信息共享、有机融合的信息平台，统一呈现应急物资分布、运输配送力量、交通设施状况、应急物流企业等基本信息，为应急物流调度指挥提供有力的信息支撑，切实提高应急物流保障效率；积极构建应急物流保障资源数据库，调查掌握全国应急物资及其相关保障资源的生产、流通、集散、储备情况，及时掌握更新资源信息，动态绘制国家应急物流保障资源分布图；有效提高应急物流信息资源的开发利用水平，加快研究构建应急物资编目系统，积极推动应急物流信息的科学采集、安全管理、有效利用、深度开发、有序交换和集成应用，鼓励采取多种方式实现应急物流信息的互通交换。

五、加快应急物流专业队伍建设

应急物流专业队伍是应急物流的有生力量。加强应急物流专业队伍建设，逐步形成以政府认证的骨干应急物流企业为基本力量，以军队单位为骨干力量，以应急物流专家队伍、物流企业队伍、应急物流志愿者为辅助力量的应急物流力量体系。骨干应急物流企业队伍建设，主要依托现有物流园区和物流企业，由有关部门（或授权行业协会、第三方机构等）按照应急物流企业条件相关标准规范，组织评估遴选和认证管理，将合格的企业纳入应急物流企业目录库，构建完备的应急物流保障网点体系；依托现有货运和快递航空公司，建立具有应急物流能力的高原货运机队，并组织常态化演练及考核评估，全面提升应急物流综合保障能力。应急物流专家库建设，主要依托大专院校和科研院所，建立应急物流专家咨询机制，优化整合应急物流专家资源，为政府应急物流运行管理提供科学的测算论证和辅助决策。应急物流志愿者队伍建设，主要依托全社会丰富的物流人力资源，探索建立以物流从业者为主的志愿者登记注册制度，完善应急物流业务技能培训机制，构建平时服务、急时应急的志愿者队伍；加大对中西部多灾的经济欠发达地区、交通枢纽的物流聚集区等关键区域和薄弱部位应急物流志愿者的登记注册和培训教育力度。

六、强化应急物流法规标准建设

在全面推进依法治国的大背景下，运用法治思维和法治方式，按照"第一时间、最快响应"要求，加快构建系统配套、科学合理的应急物流法规标准体系，完善相关法规、政策、标准，使应急物资保障在体制机制、指挥流程、协同机制、职责分工上有法可依，使军、地、政、企在力量与资源融合上有章可循，对应急物资储备、生产、采购、捐赠、运输、配送等组织协调、工作流程等法律法规进行修订，明确各利益相关主体的责权利关系，充分发挥法规制度的规范、引导和保障作用，切实通过法治手段提升应急物资保障水平。加大应急物流法规标准的建设力度，使之涵盖应急物流各个功能环节、各类组成要素、各种参与组织，突出应急物流仓储、运输、指挥管理流程和政府、企业职能关系调整，以达到系统配套、结构合理、层次分明的目标。

第三章　应急物流体制机制建设

体制机制是应急物流运作的重要基础。只有具备完善、健全的体制机制，才能在平时建设中实现统筹规划、优化配置应急物流资源，并确保应急物流体系在突发事件发生的紧急状态下高效顺畅运转。

第一节　应急物流指挥管理体制建设

"5·12"汶川地震后，在党中央、国务院的统一领导下，建立了军地协作的指挥机制，即三军一体、军民一体、前后方一体的指挥机制。但这种协同是临机的、暂时的，缺少法治化、科学化和制度化的长效机制。从历次应对突发事件看，这种协同机制在应急物流指挥调度方面暴露出不少问题，其集中表现为各政府部门立足自身，建立了应急物流相关的指挥机构，但职权不清、责任不明、配合不够，一定程度上导致政出多门，基层单位无所适从，亟须整合职能、优化流程、规范运作，建立一套统筹军地的应急物流指挥管理体制机制。

一、加强现代化应急物流组织机构建设

在现有"一案三制"和国家应急管理部门的基础上，明确应急物流指挥管理的牵头部门，加快建立现代化的统一有效的应急物流指挥管理体制。论证设立或明确由中央和各级党政部门组成的应急物流指挥管理机构，须依托国家应急物流保障指挥调度系统，对各专业应急

物资资源、物流保障资源等，进行全局规划、统一指挥、集中调度，按照常态应急与非常态应急相结合，从而形成上下联动的应急指挥部体系。该体系平时负责统筹、急时规划应急物流保障过程，制定应急物流指挥管理重大政策，领导协调推动风险防范、应急物流指挥管理体系和能力建设等工作；重特大灾害事故发生后，转化为应急物流指挥总部，负责应急物流的组织工作，从而保证政令畅通、协调有力、指挥高效。按照综合协调、分类管理、分级负责、属地为主的原则，健全中央与地方分级响应机制，明确各级各类应急物流保障任务响应程序，进一步理顺应急物流指挥运行机构。

二、强化应急物流指挥管理联动协同

强化应急物流指挥管理联动协同应重视以下两个方面。

一方面，加快建立打破条块分割的协同体系。新组建的应急管理部承担了之前5个国家指挥协调机构的职责，整合了原有11个部门的13项职责，但在实际运行中依旧会面临"防""救"等部门之间的职能边界冲突。对此，应充分发挥应急管理综合性部门和专业性部门之间的联动性，同时联动方式也要突破之前的协调性职能实施方式，着力强化战略和信息层面的调动性。大力加强国家应急物流指挥管理综合能力建设，有效平衡应急物资储备品种、规模、布局、调用等关系。完善应急物流保障指挥职能，理顺物资主管部门、物流保障指挥机构以及相关协调、监测单位的关系，明确各级政府应急物流指挥管理组织机构、专业指挥机构建设，理顺各类机构的隶属关系和运行机制，消除各级政府部门相关管理权限与责任不匹配的现象，明确不同保障场景下的职责分工，细化各保障机构职责，强化部门协同。

充分发挥相关议事协调机构的统筹作用，发挥好应急物流主管或牵头部门的综合优势和各相关部门的专业优势，明确各部门在供需对接、动员组织、交通运输、信息发布、供应保障等方面的工作职责。

另一方面，强化中央与地方的统筹协调和区域协同。强化应急物流指挥管理联动协同，有效应对突发事件，既有赖于中央的统筹指导和地方的灵活应对，又要加强地方应急物流指挥管理能力建设，特别是要给地方政府在应急物流指挥管理体系设计方面留出充分的创新空间，还要建立中央与地方有机互动的权责体系，加快优化资源配置，建设专业应急物流队伍，优化应急储备物资体系，做好防御多重复合型风险的准备。健全自然灾害高风险地区，以及京津冀、长三角、粤港澳大湾区、成渝城市群及长江、黄河流域等区域应急物流协调联动机制，统一应急物流保障工作流程和业务标准，编制联合应急物流保障预案，建立健全应急物流联合指挥、情况通报、资源共享、跨域调拨等机制，组织综合应急演练，强化互助调配衔接。

三、加快应急物流指挥管理思维转型

我国应急物流指挥管理体制建设，涉及复杂多样的影响因素和制约条件。首先，我国是世界上自然灾害最为严重的国家之一，始终面临着各种自然因素导致的巨灾风险，对应急物流指挥管理体制提出了严峻挑战。其次，作为一个制造业大国，我国安全生产的形势仍处于脆弱期、爬坡期、过坎期，建筑、化工、交通等行业安全风险突出，应急物流指挥管理体制面临常态化运行的严峻复杂态势。再次，中国始终面临重大疫情的威胁，公共卫生事件应急物流保障对其指挥管理体制提出了特殊的要求。最后，随着物联网、云计算、大数据、人工智能等创新技术的逐步应用，传统的应急物流指挥管理体制难以应对安全威胁和风险的不断滋生、扩散和叠加，新技术条件和手段支撑的应急物流指挥管理体制革新正当其时。

面对新时代灾害事故风险的互联性、复杂性和不确定性，在规划应急物流指挥管理体制建设时，必须提高党政领导干部应急管理能力，向依靠科学管理、高效指挥推动转型；在突发事件应对中，必须向以信息智能为中心、强化第一响应人权责的协作方式转变；在应急物流指挥管理能力建设中，必须向外化赋权使能型转变，全面提升应急管理的系统化水平。

第二节　应急物流运行机制建设

尽管应急物流在以往应对突发事件实践中发挥了积极作用，但由于运行机制不顺畅，暴露出诸多矛盾和问题，在很大程度上影响和制约了保障效率和效益。为此，迫切需要准确把握当前的基础条件，加快推进应急物流运行机制建设。

一、基于应急预案的计划调控机制

以国家总体应急预案为统揽，逐步形成相互衔接、完整配套的应急物流预案体系，为应急物流指挥系统的运行提供必要准备工作。预案编制要结合实际，符合应急物流管理和应急处置工作的规律及特点，要具有针对性、实用性和可操作性。另外，应根据形势发展和情况变化及时对预案进行修订与完善。依据"政府部门应急预案"，建立在积极的社会管理目标基础上的，由政府主导、社会各方密切配合的协作机制。在这种机制下，政府主管部门作为主导力量，军队物流力量、地方物流企业等作为主要支撑和依托力量，配合政府主管部门应对突发事件。

二、基于战略合作的集中协调机制

在这种机制下，应急物流主管部门统筹安排军地各方的资源，进行集中统一的指挥协调，共同完成应急物流保障任务。具体包括以下内容：军地签订战略合作协议、建立军地联合的集中协调制度、构建健全配套的法规制度等。在军地签订战略合作协议上，军地双方应站在统筹国防建设和经济建设的战略全局，协商提出应急物流有关政策意见，签订战略合作协议，明确军地双方各有关单位的责任义务。在建立军地联合的集中协调制度上，应当按照战略合作协议明确的权利义务，建立岗位兼职制度，应急物流中心和地方各自指定主管人员，互设联络员，具体负责双方日常事务的沟通联络，以此建立经常性的沟通联络渠道，并根据军队主管部门的授权，建立由军地主管职能部门参加的应急物流中心组织协调机构，召开军地联席会议，组织协调军地各有关部门的行动。在构建健全配套的法规制度上，着眼实现军地之间最大化的有机融合和无缝衔接，科学界定相互之间的"责、权、利"关系，详细规定有关各方的职责任务，明确具体的工作目标、工作程序和工作内容，特别是配套完善相应的实施细则，具体规范单位职责、协作事项、施行范围、业务分工、等级划分、计划管理、组织方式、价格核算、支付形式、经济补偿等内容。

三、基于合同关系的互利协作机制

在这种机制下，政府、企业等各方依据普遍认可的应急管理目标，按照市场法则和价值规律，发挥市场这只"看不见的手"对资源配置的优化整合作用，形成和保持突发事件应急物流保障能力，全面满足政府应对突发事件的物资需求。互利协作机制具体包括完善经济补偿制度、建立应急物流企业考核认证制度、建立演练考核制度等内容。在完善经济补偿制度上，参照有关法律法规精神，建立必要的补偿基金，按照一定的程序要求予以经济补偿；构建科学合理的经济利益驱动机制，确保相关合作单位在满足基本的盈利需求后能够具备持续的积极性。在建立应急物流企业考核认证制度上，着眼突发事件应急物流的公共服务性质，对相关企业的资质条件进行严格把关，确保其具备应急物流基本能力后，方可从事应急物流保障。在建立演练考核制度上，根据合同约定，政府主管部门（或授权相关行业协会）组织指导入围企业开展定期的常态化演练，在尽可能少干扰或不干扰入围企业正常生产经营活动的情况下，不断强化企业在应急情境下的执行力，提升应急物流保障能力。

四、基于合理估价的经济补偿机制

合理的利益预期是应急物流运行机制建设的内在动力。应急物流运行机制的调整优化，不可避免地涉及各个方面的实际利益。如何从战略全局的角度合理调控利益分配才能使各个方面尽可能达到期望值及满足各自利益诉求，是一个不得不正视的现实问题。建立应急物流经济补偿机制，能够为应急物流体系提供持续健康的发展后劲，保持应急物流运作的不竭动力，确保应急物流各项指令能够得到落实。目前，我国对应急物流经济补偿还处于一种"无章可循、无法可依"的无序状态，应急物流资源的动员征用还存在一定程度的消极懈怠，甚至是质疑和阻碍。

应对突发公共事件既要求应急物流相关企业履行应尽的社会责任，也要充分理解其在经济效益上的诉求，确保应急物流能够有序开展，避免出现"杀鸡取卵""涸泽而渔"的不良情况。建立基于合理估价的经济补偿机制，主要是为应急物流相关企业的动员管理奠定稳定的政企合作政策基础，形成长效机制，吸引应急物流相关企业积极主动地投入应急物流体系的建设。具体来讲，就是由政府依据有关法规，按照契约合同的约定，在突发事件发生前或发生后，对应急物流资源动用消耗以及提供的相关服务，进行公正合理的估值估价，予以直接的经济补偿；或由政府为企业的经营发展提供减免税收、优先使用土地等政策上的优惠，确保企业能够正常运营并有足够的经济动力。

应研究制定科学规范、可操作的《应急物流经济补偿办法》，对事前补偿和事后补偿进行详细规范，制定完善经济补偿的流程、渠道，建立充足的经费来源。事前补偿主要针对已列入应急物流保障队伍的相关企业予以减免税、优先使用土地、无息或低息贷款等政策上的优惠，列入政府优先采购企业目录或直接给予经济补助等；事后补偿是对应对突发事件中动员的所有单位予以准确的损失评估，并及时给予合理的经济补偿。

第三节 应急物流保障机制建设

20 世纪末以来，我国物流行业逐步发展壮大，在国民经济中所占的比重越来越大。但从应急物流保障的角度看，我国物流行业应急运行水平仍然偏低，主要表现为快速筹措能力不足，应急物流运行效率低等。因此，必须积极优化应急物流保障机制，全面增强应急物流保障能力。

一、采储结合的筹措机制

筹措机制应当满足即时、高效、灵活的要求。与平时的物资筹措不同，应急物流的筹措仅靠单一渠道无法满足需求。应面向未来可能发生或已经发生的各种各类突发事件，建立多渠道物资筹措机制，将物资储备和应急采购有机结合，实现弥补供应缺口、满足保障需求的目标。

在应急物资储备方面，应站在统筹经济建设和应急保障的全局，合理依托原有设施或新建应急物资储备点，分灾种、分层级、分区域科学确定并合理调整各级、各类应急物资的储备规模；根据不同类别物资所具有的物理、化学、生物等功能及特性，合理采取实物储备、合同储备、产能储备等多方式储备，确保应急物资的有效轮转和更替；针对市场保有量大、保质期短、养护成本高的应急物资，提高合同储备比例，优化储备结构，充分发挥市场作用，加强资金政策扶持和标准引导，促进各类储备方式发展。建立和完善中央、地方应急物资储备库体系，形成中央、省、市、县、乡五级应急物资储备网络。积极动员社会力量拓展物资储备方式，建立健全社会化应急物资储备模式，引导社会主体储备必要的应急物资，鼓励企事业单位、人员密集场所、家庭储备相关应急物资，促进社会储备成为应急物资储备体系的重要组成，进一步拓展社会化储备规模，促使其成为物资储备体系的重要组成部分，进而实现物资储备质量、库存调拨速度的"双高"[①]，以点带面地助力应急物资储备调拨水平提升。

物资应急采购是应急物资储备的有益补充，可用以应对突发事件链式效应所出现的各类物资需求缺口，满足物资筹措要求。建立健全应急采购基本制度，区分不同类型突发事件，由所涉行业管理部门协同细化应急采购专项制度，建立应急采购制度配套的技术规范与标准体系。以物资储备为基础，科学制定物资应急采购品种、数量，优化"采储比"，以实现物资筹措效益最大化。

二、统一的调拨配送机制

调拨配送是从物资筹措到按物资分配方案组织应急物资供应的过程中，对应急物资进行调拨及配送的动态过程。建立合理的统一调拨配送机制，由应急物流指挥机构根据应急物流保障计划对应急物资的品种、规格、数量统一调拨、合理组配并进行配送，提升应急物流保障效益。

在应急物资调拨方面，强化区域应急物资的统筹调配，在应急物流保障指挥机构的统一指挥下，建立健全由政府、社会团体、企业、个人共同参与的应急物资联动调拨机制，完成应急物资沿"势差"方向，由储备点向需求点快速流动。以物联网、区块链、数据分析等技术手段，实现实时的物资信息共享和跨区域调拨，减少物资中转、暂

---

① http://www.nopss.gov.cn/n1/2020/0228/c373410-31608966.html。

储等环节，发挥联运、直达等运输手段的高效优势，打通应急物资从储备、调配、运输到接收的链路，实现物资的快速调拨。

在应急物资配送方面，建立健全物流、外卖等企业参与机制，以应急物流指挥机构为主导，统筹运力资源，以物资储备点为主要节点，利用公路、铁路、水路、航空等方式进行辐射，有效搭建应急物资配送网络。强化应急物资集装单元化，结合模块预储技术实现物资的储备和调拨的快速转换及外埠物资的快速集散能力。强化应急物资"绿通"建设，完善跨区、转运的优先通行机制，预先备案运输车辆号牌信息，提升"绿通"效率，实现应急物资配送的快速化。同时，完善应急物资分发机制，明确应急物资分发制度，动员社会组织、志愿者参与应急物资分发工作，遵循"急用优先、常用适配"的原则，快速打通应急物流保障的末端，实现应急物资配送"最后一公里"的及时性、精准性。

三、平急结合的运行机制

我国应急物流保障能力在历次应对突发事件中有了长足的进步。应急物流保障能力生成源于平时建设和常态运行，高水准保持应急状态会导致常态运营成本难以负担，造成应急物流保障总体效费比极低。因此，应急物流体系应当注重平急结合运行模式建设，在平时建设、常态运行的条件下，保证设施的日常维护、能力发挥，确保社会资源得到有效运转，同时能够保证在应急状态下借助集聚的信息流，转换运行状态，及时完成物资筹措、调拨配送，实现防灾减灾。充分发挥国民经济动员系统平时应急的功能，将国民经济动员系统中通用物资部分纳入应急物资保障体系中，加强应急信息资源整合，在突发事件应对中充分发挥各地动员中心积极作用，保障应急物资需求。

在常态运行方面，要着力推动"多站合一、一点多能、一网多用"的应急物流体系建设，以当前我国现有储备设施、园区等物流资源为基础，进行应急物流设施建设，着力构建应急、常态多体系并存的运行机制，确保现有资源效益得到充分发挥，新资源建设高效便捷。重点保障人口密集区域、灾害事故高风险区域和交通不便区域，适当向中西部和经济欠发达地区倾斜，建设区域应急救援平台和区域应急保障中心，提高应急物资生产、储备和调配能力。推动各级政府结合本地区灾害事故特点，优化所属行政区域内的应急物资储备库空间布局，重点推进县级应急物资储备库建设。在有条件的地区，依托相关专业应急物资储备库，建设中央和地方综合应急物资储备库[①]。

在应急运行方面，加强应急动员能力建设，选择条件较好的企业纳入产能储备企业范围，建立动态更新调整机制，健全应急物资集中生产调度机制。在重特大灾害事故发生时，引导和鼓励产能储备企业应急生产和扩能转产。推进应急物资保障数据整合，按照防灾减灾救灾体制机制改革意见，加强政府、企业、社会组织等各类主体的应急物资信息共享，明确数据共享内容和规则。开展应急物资保障数据资源建设，统一应急物资需求、调拨、运输和发放等信息的表达形式，促进多主体、多层级、全流程的信息互联互通，并对医疗卫生等其他类型应急物资信息，预留信息扩充空间和接口[②]。

---

① https：//baijiahao. baidu. com/s？ id＝1753535954370419431&wfr＝spider&for＝pc。
② 《"十四五"应急物资保障规划》。

四、完善的风险防控机制

风险的存在不以人的主观意志为转移，科学的防控措施可以有效地减小风险发生的概率、降低风险造成的损失，过分夸大风险或者无视风险的倾向都应当克服。在应急物流保障中，存在各种各样的风险因素，有必要系统分析风险的形成机理，研究加强风险管理的措施，有效地防控风险，减少乃至避免风险造成的损失。各种风险涉及诸多方面，既有社会方面，也有经济方面，还有政治方面。特别是涉及地方企业时，由于地方企业按照市场经济规律运行管理，面临生存发展的迫切需要，在合作完成应急物流保障任务时有更多的风险因素。由于风险因素繁多，性质各异，造成损失的差别较大，单一的防范措施难以消除全部风险，即使对某一种风险，单一的防范措施也不可能完全奏效。因此，实施风险管理时，必须遵循风险防控的基本原则，综合运用风险转移、风险减缓、风险规避、风险自留等多种策略予以应对。

一是风险转移。即通过保险或合约条款等正当的、合法的手段，将风险转嫁给其他单位承担。一般来讲，实施风险转移需要支付一定的费用。对于应急物流主管部门没有能力或精力防范的风险，可以采取风险转移策略，以实现利益共享、风险共担。这类风险一般损失大、概率小。例如，储备部门可以依据战略合作协议将应急物资的紧急运输业务外包给地方企业，以转移自身运力不足的风险。

二是风险减缓。即在风险损失发生之前，采取一定的措施，减少可能引起损失的各种风险因素或风险事件的触发事件，从而降低风险事件发生的概率。风险减缓主要针对一些风险因素不明确，或者在其开始后逐渐认识到面临危害的工作。这类风险一般损失小、概率大。例如，政府应急物流主管部门对签约的应急物流骨干企业，按照资质条件的有关要求，加强检查监督，及时发现和解决存在的问题，以降低风险发生的概率。

三是风险规避。即通过规避任何损失发生的可能，来避免灾难性的风险，也就是说事先认识到风险后，提前放弃或中途放弃该活动，规避从事该活动所面临的风险。但是，这类风险并不是可以完全规避的，而且规避风险往往需要付出一定的代价，并有可能产生新的风险。因此，只有当风险存在灾难性的潜在后果，并且无法减缓或转移时，才采取风险规避策略。这类风险一般损失大、概率大。例如，按照应急物流保障预案，政府相关主管部门自主安排中央救灾物资储备库、备灾救灾中心进行的应急物资储备，在很大程度上规避了交由一般地方企业代储应急物资所带来的风险。

四是风险自留。即在对风险能够直接预测损失却不能完全消除的情况下，预有准备，采取积极应对的方法承受风险。这类风险一般损失小、概率小。例如，应急物流保障行动中，可能因交通事故等偶发事件导致部分应急物资毁损。这种风险发生概率不大，损失也相对较小，通常情况下只能做好适当的财力或物力准备，采取风险自留的策略。

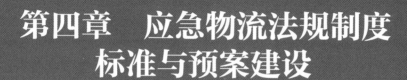

第四章　应急物流法规制度
标准与预案建设

应急物流法规制度标准与预案体系，是指有关应急物流的国家法律、地方（部门、行业）法规和配套规章制度体系。政府出台的政策措施、制订的应急物流预案计划，以及各种技术标准、规范等，主要起到规范、约束应急物流活动的作用。应急物流法规制度标准与预案，是应急物流建设管理以及预警响应、指挥协调、具体操作全过程中的基本遵循。构建系统配套、功能齐全的应急物流法规制度标准与预案体系，对于保障应急物流各项职能正常运行具有重要的意义。

第一节　应急物流法律法规建设

以习近平同志为核心的党中央把"全面依法治国"纳入"四个全面"战略布局来运筹，作为国家治理的一场深刻革命来设计，将其作为新时代坚持和发展中国特色社会主义基本方略的重要内容来部署，是站在国家发展战略的高度作出的科学决策。法律法规是应急物流体系建设的基本遵循。应急物流保障涉及军地多方，需要有健全的法律法规来规范和约束各有关方面的行为。应急物流体系建设须坚持法治思维、运用法治手段，有法可依、有章可循，应重点依据《中华人民共和国突发事件应对法》《军队参加抢险救灾条例》等国家法律法规，结合实际，有针对性地研究制定配套法律法规。

一、应急物流法律法规建设需求

法者，治之端也。面对复杂的物资调度、运行管控和工作统筹，应坚持法治思维，调整完善现有的应急物流法律法规。应急物流的顺利运作，易受人员管控、交通管制等政策的影响，需要多方主体有效配合，需要基础设施和人员等多重保障。在宏观方面，目前我国应急物流可依据的法律法规分散于国家的应急管理法律法规体系，呈碎片化现象，同时仍存在大量空白，立法层次低，缺乏整体规划，许多应急法案是紧急情况下的产物，不同法律法规之间缺乏目标一致考虑，甚至还存在冲突，缺少根本性的应急物流法律法规作为参考及指导。在微观方面，应急物流的配套政策严重不足①。

应急物流法律法规实际上既是一种强制性的动员法规，也是一种强制性保障机制。非典疫情、新冠疫情，在很大程度上暴露出我国应急管理法规包括应急物流法规建设方面滞后的突出问题。构建完善的法律法规体系是有效应对及处理重大自然灾害、公共卫生和社会安全等突发事件的重要基础条件。应急物流法律法规的建立，一方面可以规范个人、社团和政府部门在非常时期法律赋予的权利、职责和应尽的义务；另一方面可以规范并维系在特殊时期、特殊地点、特殊人群的活动秩序和公正待遇，从而确保应急物流顺畅展开②。

2007 年发布的《中华人民共和国突发事件应对法》是我国第一部应对各类突发事件的综合性法律，但是由于该法律缺乏配套法规支

---

① 袁强，张静晓，陈迎. 建立我国应急物流体系的构想与对策——基于新冠肺炎疫情防控的经验教训［J］. 开放导报，2020（3）：86-92.
② 张志鹏，曾佑校，陈博. 应急物流系列讲座之八 应急物流法规建设［J］. 物流技术与应用，2009，14（2）：106-108.

持，影响了其执行力。新修订的《中华人民共和国突发事件应对法》自 2024 年 11 月 1 日起施行。此外，由于物资应急采购、储备、运输、调拨、配送以及应急物资管理的组织设立等缺少相应法律法规基础，立法空白较多，而现有法规又通常以"试行""暂行""意见""通知"等形式存在，立法层次低、权威性不够，我国亟须填补应急物流法律法规体系空白、提升有关法律法规层次和效力。

综上，我国必须加强应急物流立法规划，建立由法律、法规、规章三个层次结构构成的应急物流法律法规体系，依法对应急物资保障的相关活动环节进行管理，确保应急物资保障各项工作顺利完成。根据立法要求和原则，遵循应急物资保障工作建设和发展的实际，做好立法顶层规划计划，分清轻重缓急，突出重点和急需，把应急物资保障的各个方面、各个阶段、各个环节的内容都纳入法治化管理。值得注意的是，法律法规不在于多，而在于完整、精细、务实、管用。应急物流法律法规体系建设，首先必须破除"小而全"的思想，克服建设过程中的"贪大求全""重复浪费"。因此，要贯彻能与国家其他法律法规建设相结合的就不单独制定的原则，以用尽现行法规制度资源为前提，尽可能通过修订、完善、细化现行法律法规规章和各类规范性文件，扩大、拓展其适用范围、延长其生命周期。同时应关注正在起草、修改和已列入立法规划计划中的"准法规"，努力实现法律法规资源实际效用的最大化。

二、应急物流法律法规建设思路

应急物流法律法规体系是我国应急物流长期健康发展的重要保障。目前，我国与应急物流体系相关的现行法律法规缺乏体系性、针对性、完备性和实操性，有些甚至存在冲突，亟待更新。相比之下，美、日等发达国家在应急物流管理、标准化立法及国家补偿等方面体系较为完备，可为我国应急物流法律法规体系的建立提供借鉴和参考。因此，应急物流法律建设应从新冠疫情防控中总结经验教训，并适当借鉴美、日等发达国家在应急物流工作方面的有益经验，系统规划、逐步完善、不断改进，确保应急物流工作有法可依[①]。

构建应急物流法律法规体系，主要是规范应急响应情境下保障资源的动用、使用，应急物流指挥管理程序、内容和关系，为应急物流保障任务的遂行营造规范可靠的法制环境；尽快完善各层次各领域应急法律法规，规范各级各类部门和单位的权利、职责和义务，对相互之间的责权利关系作出科学界定和依法规范，确保社会物流资源的有机融合和无缝衔接；积极创新立法模式，加快完善应急物流相关配套法规，推进制修订应急管理、国家储备、物资保障、危险化学品安全等方面法律法规，推动构建具有中国特色的应急物流法律法规体系；按照各级政府职能分工，提请相关立法机构制定和修改完善上述各个层次的法律法规。

应急物流法律法规建设思路如下。

一是在国家层面出台应急物流管理法规制度。提请在《中华人民共和国国防动员法》等国家法律中加入应急物流相关内容，从顶层对应急物流建设作出明文规定；明确应急管理部所属应急物流相关机构在统筹、规划、建设、管理等方面的职责；规范国家、政府、地区在应急物流中承担的责任范围。

---

① 袁强，张静晓，陈迎. 建立我国应急物流体系的构想与对策——基于新冠肺炎疫情防控的经验教训 [J]. 开放导报，2020 (3)：86-92.

　　二是制定地方和部门法规，从管理层面对应急物流建设作出相应的规定。支持各地因地制宜开展应急物流地方性法规规章制度修订工作。在国家法律法规的基础上依据自身区域特点，明确指挥协调中各部门应尽的职责，规范其权责范围；规范应急预案编制和演练标准，制定统一的演练行动方案；规定军队物流、物流企业在突发事件中担负的具体职责，包括具体业务配合、信息共享、资源共用等。

　　三是发挥多元主体主动性，创新立法，消除立法失衡现象。持续推进精细化立法，健全应急物流立法立项、起草、论证、协调、审议机制和立法后实施情况评估机制。立法中需要注意的是，要打破过去部门立法的模式，努力改变单纯依靠政府有关职能部门起草法律法规的做法，拓宽法规起草渠道，探索委托专家起草、跨部门联合起草等新途径。例如，建立由交通运输部、卫健委、应急管理部、发展改革委、工信部、商务部、财政部、市场监管总局、农业农村部、民政部、公安部、海关总署、国防部、外交部、红十字会等共同参与的应急物资保障立法起草联合委员会，完善公众参与政府立法机制，畅通公众参与渠道。针对应急物资保障协同、危险品运输、紧急状态动员等问题进行联合起草，实现立法的民主化和科学化，避免片面强调部门利益，忽视全局利益，对自身的责任和义务有意规避或只作原则规定而导致权责严重失衡现象的发生。

　　四是将应急物资保障活动纳入法治保障框架体系。我国还未出台专门的、单行的紧急状态法、公民知情权法、紧急动员法等，难以应对重大疫情、突发公共事件等出现的现实问题，尤其是紧急状态下涉及的国家权力运行问题和公民基本权利限制与保障问题，难以界定国家与社会、政府与公民的活动范围和关系。我国应逐步完善与突发事件应急机制密切相关的法律法规，包括行政程序法、行政强制法、政府信息公开法、行政征用（征收）法、国家赔偿（补偿）法、行政诉讼法等。在制定或修改这些法律时应注意涵盖与突发事件应对相适应的应急条款，至少应与专门的应急立法相协调、相配套。此外，我国还需开展丰富多样的应急物流普法活动，加大典型案例普法宣传力度。

三、应急物流法律法规军地统筹

应急物流既是军地物流一体化程度最高的领域，也是相关法律法规必须加强统筹规划、整体推进的领域。推进应急物流法律法规建设，必须加强军地立法统筹，破除军地法规体系长期分立局面。目前，军队法规体系和地方法规体系各自分立，规定条款和事项"军地二元"分立较为突出。例如，《中华人民共和国突发事件应对法》在规定应急处置和救援时，只强调了政府调动应急救援队伍和社会力量，对与军队救援力量相协调、相配合的事项并未涉及，而军队作为突发事件救援和保障的骨干力量，势必因救援保障中无明确法律依据和行为规范而产生协调、沟通的时间成本和工作成本。《突发公共卫生事件应急条例》，对涉及军队医疗卫生机构参与突发事件应急处理的情况未作实质性规定，仅提出"依照本条例的规定和军队的相关规定执行"。因此，我国亟须制定作为龙头的统一的突发事件应对法，综合考虑对军地双方行为约束的要求，制定军地共同遵守的行为法规，明确军地各方应承担的责任和义务，并对军地应对突发事件力量协同、技术协同等作出明确规范。为适应当前形势需要和未来发展趋势，吸收借鉴世界主要发达国家的经验做法，从全面推进依法治国的战略高度，我国应将应急物流法规制度建设纳入政策法规体系总体布局，统筹规划、整体设计。为此，应重视以下几个方面。

一是统筹军地政策法规体系建设。发挥中央和地方各级领导管理机构作用，将政策法规体系建设作为各级领导管理机构的核心职能和专门任务，下大力气扭转"军民二元分离"导致各层面、各领域、各环节军地法规制度相对分立、彼此割裂、相互脱节的传统惯性和路径依赖，确保国家、军队应急物流、物资储备和应急动员等相关法律、法规、规章及相关条款内容的权威统一、系统配套、高效适用。

二是贯彻依法治国基本方略和依法治军战略，统筹考虑完善应急物流政策法规体系建设的顶层设计，建立军地相关法规制度统筹、协同、联动的监督、审查、论证、评估、咨询等专业机构，健全和完善多层面、多领域、多形式的军地立法协调工作机制，进一步强化军地各级、各类立法机构之间的横向协调、纵向对接、分工协作。

三是针对重点问题，列出任务清单。应急物流相关法规制度的"接合部"或者"边界线"，往往都是军地双方"两不管"或者"交叉管"，导致"管不住""管不好"的"断头路"和"老大难"问题。为避免实际工作中法规制度缺位、错位和越位，应将其作为深化改革的"硬骨头"，研究列出任务清单、解决方案和实施路线，纳入国家政治、经济、科技、文化、社会，尤其是国防和军队改革、国家机构改革的总体安排和决策部署，实现全局统筹与局部调整、宏观管理与微观协调、长远设计与当前建设的有机统一、配套衔接。

四是立改废释并举，更新内容。应急物流法规制度体系建设需贯彻中央有关要求，结合各自业务运行规范和标准，对存在"不适应国防和军队现代化需要""不符合军民统筹要求""不利于公平竞争"
"法规文件不衔接、不配套"四个方面的问题进行全面清理，并督促
清理结果落实，形成应急物流领域军地协同发展法规清理的长效机
制。尤其是要摸清底数、列出清单、协同攻关，制定新法、废止旧
法、修改成法，重点清理和修订过时、相抵触、不适用的法律法规规
章和政策性文件及个别具体条款，努力解决应急物流实践中军地相关
法规制度不协调、不统一、不衔接、不一致等问题。同时，汇总国
家、政府和军队各层次、各部门、各专业领域有关应急物流军地协同
发展的立法需求，划分为基本法律、专项法律和单项法律三大门类，
法律、行政法规、部门规章和规范性文件四个层次，以及粮食、石
油、稀贵金属、医疗卫生等若干重点领域，在体系设计、优化整合、
综合归类、研究论证的基础上，按照轻重缓急和成熟条件的优先顺
序，分层级、分类别、分批次纳入国家和军队相关立法和修订的规划
计划，尽快填补应急物流军地协同基本问题、重要领域、重点工作和
关键环节的法律法规空白。针对个别重点、难点问题，发挥国务院、
中央军委联合制定军事行政法规的优势，在尚未出台国家法律法规之
前，可先行制定发布军事行政法规或规章。

第二节　应急物流政策制度建设

应急物流政策制度建设主要是指完善应急物流相关规章制度、规
则条例，对实际操作进行规范化管理。统筹建立形成军地协调、层次
分明、科学合理、上下配套、衔接有序、运行高效，覆盖应急物流各

层次、各环节的物流政策制度体系，确保政策引领、制度配套，充分发挥政策制度的引导、规范、保障作用，解决应急物流保障中存在的根源性问题。

一、应急物流政策制度体系建设范畴

依据不同的功能定位，应急物流政策制度体系可区分为三个层次。

1. 综合指导层

综合指导层是应急物流推进实施的顶层设计，处于应急物流政策制度体系中的最高层次，是其他各项相关政策制度的出发点和基本依据，主要由党中央、国务院、中央军委研究提出，包括党中央、国务院、中央军委出台的重要规范性指导性文件、有关战略纲要、指导意见、中长期规划，党和国家领导人关于军地协同发展的重要指示精神以及党中央、国务院、中央军委有关重大决议决定。

2. 重要领域层

重要领域层在应急物流发展建设中，涉及各领域、各行业、各层次，是每个领域各项具体行为规范的依据和原则，居于承上启下的地位，主要由党中央和国家部门、军委机关联合制定。

3. 行为规范层

行为规范层是解决现实问题、实现领域政策目标的具体手段措施和行为规范，由党中央和国家部门、军委机关联合或单独制定，表现为各种措施、意见、办法、规定等。

地方政府研究出台配套政策，为整合应急物流资源和力量创造良好的政策环境，吸引和鼓励有关企事业单位参与应急物流保障。

二、应急物流政策制度体系建设短板

当前，国家物流业和相关领域出台了一系列制度规范和政策文件，例如《国家物资储备管理规定》《"十四五"现代物流发展规划》《物流标准化中长期发展规划（2015—2020年）》《物流业发展中长期规划（2014—2020年）》，在规范指导物流业发展和应急物流实践中发挥了重要作用。但仍要看到，当前应急物流政策制度体系尚未完全建立，领域立法缺失、内容覆盖面不全、权威性不够等问题还比较突出。结合军事后勤军地协同深度发展要求，亟待系统梳理应急物流现行法规文件的立改废释需求，亟须填补物流领域军地协同发展基本问题、应急物流重大事项和关键环节法治保障空白，深化立改废释工作，进一步疏通军地政策法规衔接的"最后一公里"，有效促进应急物流管理和运行的融通衔接和军地协同。在《"十四五"现代物流发展规划》《"十四五"国家应急体系规划》《"十四五"应急物资保障规划》等规划政策支持下，中国应急物流加快了发展与调整，应急物流政策制度体系将迎来建设发展的新机遇。

三、应急物流政策制度体系建设思路

我国推进应急物流政策制度体系建设，应坚持"顶层主导、需求牵引、统筹规划、协同推进、急需先行、立改并举"的原则，努力实现应急物流相关政策制度建设的全要素融合、全过程协同、全周期联动，逐步构建起体系完整、门类齐全、结构合理、衔接配套，有效覆盖应急物流各层次、各领域、各环节的政策法规体系。应急物流政策制度思路如下。

一是动态建设、分步实施。新时代应急物流建设与应急物流实践，必然会遇到各种新情况、新矛盾、新问题，要求法规制度建设必须走出一条动态管理、分步实施的方法路子。应吸收借鉴其他领域法规制度建设的经验做法，根据我国应急物资保障的本质、特点和规律，按照突出重点、填补空白、梯次接续、逐步推进的设计思路，研究制定法规制度建设的规划，划分若干重点建设阶段，有目标、有计划、有步骤、有标准地扎实推进。

二是全程协同、合力攻关。应急物流体系建设和实践本就是跨军地、跨部门、跨区域、跨行业的协调任务，因而军地协同的深度和广度是应急物流建设质量和效率的重要反映，亟待突出应急物流军地协同法规制度体系的建立。依托中央和地方各级领导机构，健全和完善各层次、各领域、各环节的需求对接、联合论证、联席会议等工作协调机制，加大对争议较大的重要立法事项的协调决策力度，努力实现军地应急物流法规制度建设统筹、协同、联动的常态化和规范化。

三是实践引领、创新驱动。应急物流法规制度建设须坚持问题导向，以实践工作中遇到的矛盾问题为聚焦点和突破口，及时总结梳理先行先试中可供复制借鉴的经验和做法，将成熟完善的政策性文件及其原则、程序、机制、措施等上升为法律、法规、规章及具体条款内容，将低层次法规、规章上升为较高层次法律或法规，逐步提高相关法规制度的权威性和约束力。同时，还必须贯彻创新驱动基本理念，鼓励和支持法规制度建设过程中的观念创新、理论创新、模式创新、方法创新、技术创新和流程创新。

四、应急物流政策制度体系建设举措

应急物流法规制度建设既是应急物流体系建设的基本遵循，也是应急物流高效运行的重要法治保障。针对当前制约和影响我国应急物流体系建设和应急物资保障效率效益的根本性问题，须重点围绕国家、军队、政府、社会四方主体，责、权、利三类关系，以及行政、计划和市场三种手段，纠正、健全和完善各层面、各领域、各环节政策制度的缺位、错位和越位，加速构建以应急物流政策文件、制度规定等为主体的应急物流政策制度体系，推进应急物流全面迈入制度化、规范化的轨道，充分发挥政策制度在应急物流实践中的引导、规范和保障作用。应急物流政策体系建设有以下举措。

一是实践需求牵引分步推进实施。着眼政策制度的配套，研究制定应急物流相关政策制度以及衔接融合的实施细则，将各种政策制度高效、可靠地落到实处。明确应急应战不同情况下，应对重大突发事件的物流流程、要素设置、主体权责和协同关系等，确保平时同准备同建设、急时同响应同行动。同时，明确细化应急物流指挥机构成员单位联席会议、工作运行、沟通协调等制度，定期组织应急联训联演，及时研究解决矛盾问题，确保联合机构常态运行，随时能够指挥应对各种突发情况。如在拟制定的行政程序法中，根据紧急行政行为的一般规律和要求制定"紧急行政程序"条款或特别规定。根据立法权限和程序，结合区域特点，及时制定修订自然灾害、事故灾难、公共卫生、社会安全等领域应急物资管理配套相关制度，落实应急救援、应急物资运送车辆通行服务等政策。

二是加快建立健全应急物流补偿政策制度体系。加快研究制定和颁布实施应急物流补偿等关系到企业切身利益的实施细则，学习借鉴美国的"市场分担"以及日本的"政府保险合作"等模式，明确应急物流活动中政府、企业、军队、基层社区组织等参与者的责任、权利以及义务，建立顺应我国国情的多元化补偿方案。另外，各地方政府相关部门要与应急物流管理部门结合地方实际，制定地方性应急物流规章制度。

三是深化应急物流政策制度军地协同。应急物流体系建设涉及军政企多个部门，法规制度的制定与实施不仅涉及物流行业的法规制度建设，还涉及物流领域军地协同的法规制度建设。

第三节　应急物流标准建设

应急物流标准是为获得应急物流的最佳秩序，对应急物流活动或其结果规定共同的和重复使用的规则、导则或特性的文件，涉及应急物资的运输、储存、包装、装卸、搬运、配送以及相应的信息处理等环节的工作标准，与应急物流活动有关的设施设备、工具器具的技术标准，各个环节各类技术标准之间、技术标准与工作标准之间的配合要求，以及与其他相关系统的配合要求等。开展应急物流标准研究、推进应急物流标准化建设，对于提升突发事件应急物流保障能力具有重要的现实意义。

一、应急物流标准体系的构建思路

应急物流标准建设的核心内容是构建应急物流标准体系。一般来说，应急物流标准体系是应急物流标准按内在联系形成的科学的有机整体。应急物流标准体系属于典型的后标准化系统。也就是说，应急物流有关的行业可能已经在各自的领域内分别展开了标准化工作，并且不同程度形成了标准体系，在经济社会的方方面面得到了广泛应用。其他领域已经存在的标准体系，很难因为应急物流标准体系而进行修改变动。从理论上来讲，应急物流标准体系的形成，也将不可避免地以此为基础。因此，应当针对应急物流标准体系的后标准化属性，紧密结合应急物流技术发展现状和未来趋势，以创新的精神、发展的眼光，前瞻谋划应急物流标准体系。

（一）应急物流标准体系构建原则

一般来说，标准体系具有目标性、协调性、相关性、层次性及成套性等基本特点。应急物流体系是一个跨行业、跨专业、多层次的复杂系统，构建应急物流标准体系，应当突出全面性、系统性、兼容性、开放性和前瞻性等基本原则。

1. 全面性

构建应急物流标准体系，是站在全局高度宏观谋划应急物流标准化建设的一项重要工作。为此，应当坚持整体谋划、统筹兼顾，综合考虑应急物流的全要素、全过程、全系统，充分研究当前经济、科学、技术及管理中需要协调统一的各种事物和概念，全面涵盖应急物流运行的各个方面，力求将所能预见并认识到的应急物流标准项目全部纳入应急物流标准体系。

2. 系统性

应急物流标准体系涉及应急物流的各个功能环节、构成要素、专业类型，是一个复杂的系统。构建应急物流标准体系，需要综合考虑应急物流外部环境、构成要素及其相互作用关系。应急物流标准体系应当结构合理、层次恰当、功能明确，不同属性、不同功能的标准项目之间要体现出科学合理的内在联系和衔接配套关系；有效地发挥标准体系的系统效应，紧密围绕系统目标，追求整体性能先进，而不是片面强调个别标准项目的先进。

3. 兼容性

应急物流标准体系建设应立足急时、着眼战时、兼顾平时，充分体现经济社会发展、国防和军队建设的现实需求，做到平急战一体；应充分体现等同或等效采用国际、国内物流行业相关标准，与现行相关的法规政策相协调，保持军地物流标准的兼容性；应急物流各功能环节之间的标准，也应做到内容一致、功能一体。

4. 开放性

应急物流标准体系是一个动态的、相互联系的开放系统，总是会因环境的变迁、系统要素的相互作用等，处于不断运动变化之中；应急物流标准体系又是一个人为的系统，相对于客观情况的变化，可能存在着超前或滞后的现象，需要不断调整优化以适应实际的应急物流要求。为此，应当加快应急物流标准科技创新，及时更新和完善应急物流标准体系框架，积极推进应急物流标准国际化进程，增强我国应急物流技术、产品和服务的国际竞争力。

5. 前瞻性

构建应急物流标准体系，既要考虑到目前普遍使用的应急物流技术装备和服务模式，也要尽量采用当前成熟的应急物流先进技术和理念，还应当对未来应急物流技术的创新发展有所预见，使应急物流标准体系能够适应应急物流行业发展。

（二）应急物流标准体系构建目标

应急物流标准体系构建目标是：优化应急物流国家标准、行业标准、地方标准、团体标准体系结构，使政府主导制定的应急物流标准与市场自主制定的应急物流标准协同发展、协调配套，建成指标先进、符合国情的应急物流标准体系，形成有效的应急物流标准研究、制修订、宣贯、监督检查、评估等工作机制，使应急物流强制性标准的规范作用进一步强化，应急物流推荐性标准的引领作用进一步发挥，应急物流标准有效实施与监督的工作体系进一步完善，应急物流标准化能力进一步增强，应急物流标准国际化水平明显提升。

（三）应急物流标准体系构建任务

应急物流标准体系构建任务主要包括以下五个。

（1）研究提出应急物流体系建设指导意见，论证编制应急物流标准体系表，并报请国家发展改革委和国家标准委等相关主管部门颁布实施。

（2）论证立项应急物流标准内容，区分国家标准、行业标准、地方标准、团体标准，报请全国物流标准化技术委员会等标准化主管机构立项开展制定。

（3）依托行业协会组建应急物流分技术委员会（标准化工作组），开展应急物流标准宣贯，推进应急物流标准化工作。

（4）组织应急物流标准化示范项目，建设应急物流标准化服务园区，开展应急物流标准化服务保障试点活动。

（5）编写应急物流标准体系培训教材，组织应急物流标准体系业务培训，开展应急物流标准化学术交流活动。

二、应急物流标准的发展路径

根据应急物流标准的专业类型、内容关联和逻辑关系，将其分为应急物流基础标准、应急物流作业标准、应急物流设施设备标准、应急物流管理标准以及应急物流评估标准。应急物流标准的发展路径，既是应急物流标准制定过程中面临的重要问题，也是应急物流标准体系建设的核心环节。应急物流标准的发展路径正确与否，关系到标准制定是否全面、合理，是否能够被各级政府、各类企业所认可。

（一）应急物流基础标准的发展路径

应急物流基础标准是对应急物流的一些基础性工作进行规范，主要包括应急物流术语、分类、响应等级等。应急物流基础标准最大的特征是本标准的相关内容在常规物流活动中鲜有涉及，例如，物流标识这一部分，常规的物流标识标准不能很好地适应突发事件应急情境。因为当突发事件发生时，周边情况复杂，这就要求标识具有更高的辨识度，以提高物流效率，降低物流成本。

此类标准应当由国务院标准化行政主管部门牵头，联合相关高校，对以往突发事件以及应急物流活动等相关活动进行归纳总结，再征求社会意见并对其意见进行采纳修改，之后制定。应急物流基础标准的制定对应急物流活动有着十分重要的影响，有助于提高应急物流的效率。

（二）应急物流作业标准的发展路径

应急物流作业标准是在紧急情况发生时对救援人员进行救援作业时所制定的标准，以便能够更加安全、有效地保障救援活动的进行。这类标准最大的特征就是它是针对应急救援作业制定的，涉及较多救援作业细节；这类标准的制定与普通的物流作业标准有显著的区别，这类标准不能根据传统的物流作业标准进行编制，而必须根据应急救援中物流作业的实际情况进行编制。

此类标准，应当由国务院标准化行政主管部门牵头，联合参加过救援行动的军队等其他主体，对应急物流活动中的具体作业流程进行探讨分析，从而制定一套应急物流作业的标准。应急物流作业标准的制定需要相关单位对应急物流活动的实际情形有深入的了解，熟知操作规范，并对救援工作有一定的经验，因此在制定过程中要注意对合作单位的选择。

（三）应急物流设施设备标准的发展路径

应急物流设施设备标准是在紧急情况发生时，为适应灾害发生地特殊的地理情况，保证救灾物资能够安全进行转运、储存等必要的物流环节，而对所需的应急物流设施设备制定的标准。这类标准与常态物流设施设备标准的最大不同就在于紧急情况发生时，灾区周围的路况以及地理环境会变得较为恶劣，普通的物流设施设备不足以适应这种恶劣的环境，因此制定应急物流设施设备标准必须考虑到灾情发生时的环境变化，所制定的标准要能够满足各种极端恶劣条件。

此类标准应当由国务院标准化行政主管部门牵头，联合装备制造单位以及研究单位，针对紧急情况发生时灾区周边恶劣的环境情况制定。

（四）应急物流管理标准的发展路径

应急物流管理标准是针对整个应急物流活动统筹管理的一套标准，包括人员设备的调配、应急物流成本的控制以及信息平台的管理等。这套标准与常态物流管理标准的最大不同就在于它突出的是应急，在紧急情况发生时，人员设备的调配必须及时，物流过程不太注重成本，满足需求是第一要务。

此类标准，应当由国务院标准化行政主管部门牵头，联合民政部、红十字总会等相关部门，分析目前标准所存在的不足之处，讨论并解决问题，随后向社会征求意见并进行修改，以制定一套完整的应急物流管理标准。

（五）应急物流评估标准的发展路径

应急物流评估标准是针对所有与应急事件相关的环节所采取的评估工作，包括事件发生前对企业条件进行评估，对应急事件在不同时间点进行的评估以及事后对整个应急物流活动的评估等。应急物流评估标准的制定有利于事后掌握每一次应急物流活动的执行情况，为以后的应急物流活动积累经验。

此类标准，应当由国务院标准化行政主管部门牵头，联合具有甲级资质的灾害评估单位以及物流主管单位，制定针对整个灾害过程以及物流过程进行评估的一套标准，以保证今后的评估工作有据可依。

此类标准的制定需要大量的专业人员提供专业的知识，因此对合伙单位的选择十分重要。

三、应急物流标准的主要内容

一般来说，构建应急物流标准体系的对象包括：确保应急物流体系建立和运行的应急物流功能适应性标准；应急物流的有关事务和概念的可识性和可比性标准，包括术语、关键字、符号（图形、标识）、代码、编号、语言、特性描述等可识性标识，以及实验方法、检验方法、作业程序等可比性程序；应急物流设备及零部件间的互换性和软、硬技术（设施设备）之间的接口标准；应急物流有关事物和概念的简化、优化或规范化标准；以及为使人类生产和生活系统适应、改造环境的应急物流相关人体和环境要素标准。

在此基础上，依据应急物流的特殊性，从功能、内容和特征方向上进行挖掘分析。从物流功能上挖掘各专业（运输、仓储、装卸搬运、包装、配送、流通加工和信息处理）实际作业中存在的问题及困境，应分析其产生的原因，并提出解决的对策。据此，可构建由应急物流功能、内容、特征构成的标准化空间模型，如图4-1所示。

相关政策文件、文献资料表明，在应急物流标准化空间内存在作业、设施设备、管理、信息、评估等不规范所导致的矛盾问题。因此，应急物流标准体系框架可分为以下六部分，即应急物流基础标准、应急物流作业标准、应急物流设施设备标准、应急物流管理标准、应急物流信息标准、应急物流评估标准，如图4-2所示。

应急物流基础标准部分是应急物流标准体系中需要协调统一的基础性事项，是其他标准的基础，具有通用性和广泛的指导意义，因此

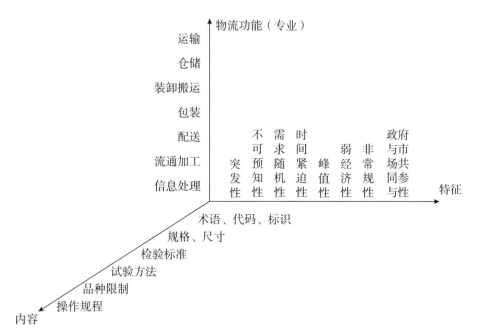

图4-1 由应急物流功能、内容、特征构成的标准化空间模型

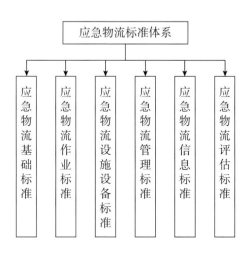

图4-2 应急物流标准体系框架

将应急物流基础标准单列为一级标准。应急物流是在普通物流基础上发展起来的,要提高应急物流的速度、效率还得从应急物流的作业、信息和管理方面入手,因此应急物流作业标准、应急物流信息标准和

应急物流管理标准也列为一级标准。需要提出的是，应急物流比常态物流的工作环境要更加恶劣、难度更大、不确定性更强，因此设施设备对应急物流活动能否成功、能否快速高效进行有着至关重要的影响，故设施设备也是需要考虑的重要方面；应急物流由于本身弱经济性的特点和其重点在于尽一切办法努力提高速度和效率，以及掌握应对应急事件的经验和规律，则应急物流在服务方面的体现主要是通过对应急物流整体、各个阶段和参与者的评估来展现的。综上论述，应急物流标准体系的第一层包括应急物流基础标准、应急物流作业标准、应急物流设施设备标准、应急物流管理标准、应急物流信息标准、应急物流评估标准六大部分。这六大部分从整体上包含了应急物流的各个功能环节、各类组成要素和各种参与组织。

为了便于应用部门查询、检索当前和未来应急物流标准的资料，促进我国应急物流标准的发展和加快我国应急物流发展的速度，本标准体系表在结合应急物流特点、包含应急物流要素的前提下，将各一级标准划分出了更为详细且必要的二级标准。具体如下。

（一）应急物流基础标准

应急物流标准体系中，应急物流基础标准主要从基本定义、工作范围等基本问题出发，为应急物流标准化建设提供一套共同的语言体系，界定一个科学合理的范围，明确通用的基本要求，并结合应急物流以救助为目的的特殊性。应急物流基础标准的二级标准则着重考虑了物资及其分类和响应等方向，具体为应急物流术语及图形标识、应急物流分类标准、应急物流响应等级等，如图4-3所示。

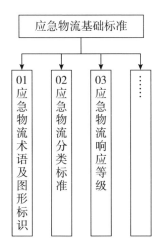

图 4-3 应急物流基础标准

（二）应急物流作业标准

应急物流作业标准主要从作业流程、作业要素等组织实施过程的角度出发，为应急物流全过程、全系统提供规范的技术标准，因考虑到应急物流极其注重时效性，每个作业环节的中断都可能影响到其最终结果。因此该标准的二级标准包含了从应急物流作业的准备阶段到最后的回收阶段的 7 个二级标准，即应急物资筹措标准、应急物资军地联储标准、应急物资投送包装及标识、应急物流运输投送作业标准、应急物资临时储存规范、应急物资末端分发作业标准、应急物流回收作业标准等，如图 4-4 所示。

（三）应急物流设施设备标准

应急物流设施设备二级标准的制定是从考虑应急物流活动各个环节使用的设施设备角度出发，按其功能共性总结出仓储、运输、装卸搬运和信息平台四大块，并从适用应急物流特殊环境的方面考虑制定

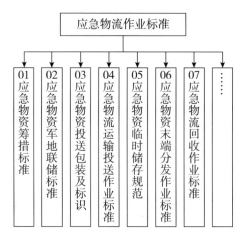

图 4-4　应急物流作业标准

相关标准，因此其二级标准设定为：应急物流仓储设施设备标准、应急物流运输投送设施设备标准、应急装卸搬运设施设备标准、应急物流信息平台建设标准等，如图 4-5 所示。

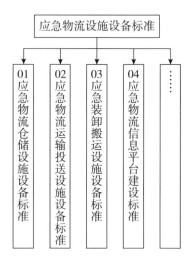

图 4-5　应急物流设施设备标准

（四）应急物流管理标准

应急物流管理标准主要从管理对象、管理过程等管理要素的角度出发，为应急物流管理提供规范的管理标准。因此其二级标准设定为：应急物流成本构成与核算、应急物流指挥调度规范、应急物流志愿者资质审核与应急培训等，如图 4-6 所示。

图 4-6　应急物流管理标准

（五）应急物流信息标准

应急物流信息标准主要是对应急物流活动中信息数据流转相关工作进行规范，包括应急物流数据元的规定、应急物流数据交换等方面。因此其二级标准设定为：应急物流物资编目与单证标准、应急物流数据交换格式、应急物流数据交换通用要求、应急物流基础信息分类与代码、应急物流公共标识代码编制规则、应急物流公共数据模型、应急物流基础数据元等，如图4-7所示。

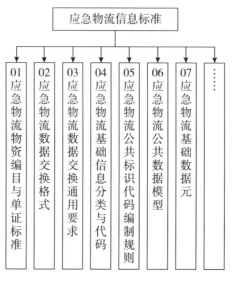

图 4-7　应急物流信息标准

（六）应急物流评估标准

应急物流评估标准主要是对应急物流的全面评估进行规范，包括参与者和应急事件整体的应对水平，并力求从评估中得到应对应急活动的经验和规律，进而提高应急物流活动的服务能力。因此其二级标准设定为：应急物流企业条件评估、突发事件应对态势评估、应急物流事后评价标准等，如图4-8所示。

需要特别强调的是，为了将应急物流标准体系化繁为简，对涉及一般物流作业过程的评估，应直接引用现有国家标准、行业标准等。军队后勤系统部分具有相关内容的国家军用标准，也可直接引入或考察论证后作适度修改为应急物流采用。对于能够在其他相关物流标准

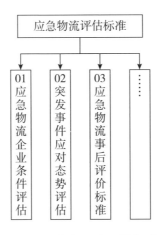

图 4-8　应急物流评估标准

项目中增加应急方面条目的，可以考虑合并需求而不必单列项目。

第四节　应急物流预案建设

经过 20 多年的建设，应急物流相关领域取得了不少成果和经验，但也暴露出应急物流预案不完备、不系统，操作性、针对性不强，训练、演练不深入、不到位等问题。因此，加强应急物流预案建设，提高训练、演练水平，对形成和提高应急物流保障能力具有十分重要的意义。

一、应急物流预案的分类

应急物流预案是针对各种可能发生的突发公共事件所需的应急物流保障行动而制定的指导性文件，是预防和处置突发公共事件时组织开展物流保障活动的行动指南，是突发公共事件预防和应急救援的重要组成部分。应急物流预案通常可按照规范层级、涉及领域、执行环节、预案范畴等分级分类制定。从规范层级看，可分为国家层面的应急物流总体预案和国家各有关职能部门或行业领域的分类预案、各级地方政府的分级预案等。从涉及领域看，可分为领域预案和内外协同预案。例如，从军队应急物流建设的角度看，可以分为军队应急物流预案、地方应急物流预案和应急物流军地协同预案等。从执行环节看，可根据指挥协同、物资筹措、储运配送、技术支持等不同阶段、环节的特殊要求和重点任务，分类制定相应的应急预案。从预案范畴看，可分为专项预案、部门预案和企事业单位预案三类。

一是应急物流专项预案。专项预案是针对具体场景的专项工作方案。专项预案一般应明确应急物流保障的组织指挥体系、信息报告要求、分级响应及响应行动、队伍物资保障及调动程序、相关各方的职责与任务分工等。重点规范本层级（层面）上的应对行动，体现主体职能和应对工作的针对性。按照有关单位对物资需求种类和数量的指令要求，从不同仓库合理调配物资，并向储备仓库发出出库指令。预案内容应重点围绕总体预案中设定的"事件状况"和"愿景要求"，建立组织指挥机构及编成，明确职责任务与相互关系，针对各场景物资需求及特点，整合应急物流保障力量，并明确相关保障措施要求等。

二是应急物流部门预案。部门预案是对国家各类储备物资主管部门负责的国家储备应急物流保障活动的总体安排，主要明确组织领导、应急响应、保障措施等。

三是应急物流企事业单位预案。企事业单位预案是各类储备企事业单位在负责组织实施各类国家储备物资应急物流保障活动中的具体工作部署和安排，主要明确组织领导、保障实施、保障措施以及预案管理等。

二、应急物流预案的编制原则

应急物流预案的编制是一项跨层级、跨领域，涉及物流保障全过程的系统性工作。真正行之有效的应急预案应当是一个完整体系，既要考虑不同层级、不同领域间预案的连续性和一致性，也要考虑以多手准备、多种措施应对可能的突发情况。因此，应根据潜在危险源和可能发生事件的类型，就应急处置过程中涉及的物流机构、人员、物资及其指挥协调等方面事先做出具体计划安排，形成环环相扣、配套衔接的应急物流预案体系，做到事事、时时、处处分工明确，责任清晰、应对有法。

（一）以相关法规制度为遵循，依法编制

应急物流预案的编制依据首先要合法。预案的编制依据、方针与原则、启动程序、实施方案以及所涉及内容等要符合《中华人民共和国突发事件应对法》《突发事件应急预案管理办法》等相关法律、法规、规章和标准，以及国家储备系统各有关部门和上级单位规范性文件的要求。既要考虑应急应战事件应对工作的基本规范，也要考虑行业领域的专项法规。

（二）以风险评估和资源调查为基础，合理编制

应急物流预案的编制要以全面的应急物流调查分析与评估为基础。加快建立健全应急物流调查评估机制，将调查评估重点放到风险关注、政策、制度、标准、技术、能力建设等深层次问题上。预案的

内容要充分结合风险分析与资源调查，按照现有的资源和职能分工进行设计，考虑国家储备各系统、各单位的实际情况，适当超前设计相关内容。预案必须具有针对性和可操作性，具备能够顺畅指挥和协调行动的能力，统筹协调国家储备系统可调用的人员、设备、设施、物资、场所等资源状况，为制定响应措施提供依据。

（三）以先进理念和人才队伍为支撑，科学编制

应急物流预案的编制要以先进理念和科学理论为支撑。预案的编制要坚持科学严谨的态度和实事求是的工作作风。由于应急应战事件存在不同的类型，往往涉及各种领域的专业知识，需要邀请相关领域的专家参与预案的编制，其中既包括国家储备各系统、各单位业务领域的专家，又包括医疗、交通、公安、消防等相关部门的主管人员及专家。

（四）以相关编制格式要求为标准，规范编制

应急物流预案编制要规范严谨。预案的规范性表现在编制程序的规范、框架结构和体例格式的规范、要素的规范、处置流程的规范、管理与执行的规范。在预案编制的过程中，要做好与相关预案间的衔接，并与国家储备各系统、各单位的实际情况紧密结合，做好充分的准备，设置完整的流程、合理的要素和规范的程序，开展风险识别和分析，编制符合本单位实际能力的应急物流保障预案。

三、应急物流预案的编制办法

应急物流预案在形式上具有与其他应急预案一致的共性特征。因

为物流保障活动横跨多个领域、涉及众多部门、组织实施繁杂，所以应急物流预案所规范的具体内容有着鲜明的特性。

（一）应急物流预案编制要求

根据法律法规要求，预案应具有科学性、针对性和可操作性。因此，预案的编制应能体现专业性和实用性。作为应急应战情况下的物流保障指导文本，预案应在风险识别分析的基础上，预先制订符合实际情况且合理的计划，即针对可能发生的不同场景，预先制定行动方案，保证快速且有条理地开展应急物流保障行动。

此外，还要依据法规配套完善应急物流预案体系。主要是针对可能出现的突发事件，按照历史数据预测其可能的规模和强度，编制运力调用、物资动用等预案，定期组织修订完善，并做好应急物流预案的演练和宣传，增强预案的可行性和可操作性。

（二）应急物流预案编制任务分工

成立应急物流预案编制小组。在相互信任和相互了解的基础上，组织来自不同部门和不同专业领域的应急物流保障相关的各方，一般应由有应急物流保障经验、相关专业知识背景以及在本单位本部门具有一定执行力的人员组成。编写小组成员确定后，必须确定小组领导，明确编制计划、工作职责和任务分工，保证整个预案编制工作的实施。

（三）应急物流预案的主要内容

根据有关法规制度要求，结合国家储备应急物流保障实际，预案的主要内容应包括总则、组织指挥体系、保障实施、保障措施以及预案管理、附则等方面。不同类别（专项预案、部门预案、企事业单位预案）的预案，在编制具体内容时应有所侧重和取舍。

（四）保障应急物流预案编制的方法步骤

应急物流预案的编制工作，可按照以下方法步骤组织开展。

一是参照有关规定确定预案框架。对于突发事件应急预案的编制工作，国家先后颁布了《突发事件应急预案管理办法》《国务院有关部门和单位制定和修订突发公共事件应急预案框架指南》，明确了预案应包括总则、组织指挥体系及职责、预警和预防机制、应急响应、后期处置、保障措施、附则和附录等主要内容。它们是应急物流预案编制工作的重要参考文件。

二是组织专门力量编制预案。应急物流预案既是物流保障活动涉及的众多部门和人员力量在应对突发事件时应共同严格遵从的行动准则，也是大量物资、器材、设备储运配送的组织实施计划。其编制、修订工作需要依靠大量的数据积累、充分的调研分析和广泛的沟通协调才能完成。因此，需要专门组织或相对固定人员从事应急物流预案的编制、管理等工作，以保证应急物流预案在内容体系上的完整性和延续性。

三是深入做好分析工作。要做好相关法律法令、规章制度和管理规定，以及已有预案的梳理分析工作，以保证制定的应急物流预案与之不相悖、无冲突。要从历史情况、环境条件入手，充分考虑人为因素、物理因素、管理因素、技术因素等，对不同灾害或突发事件发生的可能性进行风险评估和分析，以保证预案的针对性。要结合应急物流保障相关部门的职能，针对应急物流任务特点和保障要求，进行各相关部门、各任务环节的应急能力分析，以保证预案的可操作性。

四是认真做好评审工作。应急物流预案评审是对预案所涉及的职责分工、任务部署、实施办法和执行标准等进行全面衡量和综合评定的重要工作，也是应急物流预案编制工作的末端环节。预案草拟完成后，应广泛征求相关部门和单位的意见，并根据所提意见建议充实完善预案。适应应急物流预案跨层级、跨部门审查需要，适时组织召开评审会，邀请有关部门的业务人员和不同专业背景的技术专家，严格审查预案内容，评估预案的成熟度和可行性，指出预案应进一步完善的主要内容和具体指标，提出明确的审查意见，从而保证所制定的应急物流预案符合客观条件和实际需求，能够满足应对处置特殊情况、突发事件时物流保障任务的预期目标。

四、应急物流预案的演练评估

应急物流预案演练是确保应急物流组织保障各项措施有效落实，以及检验、验证应急物流预案是否科学合理、切实有效的关键环节和重要步骤。应急物流预案演练通常可按照动员部署、组织实施、总结讲评、预案修订等阶段分步进行。在实施过程中，应特别关注和处理好以下几方面的问题。

一是要切实结合任务特点，强化演练活动的针对性。针对应急物流受领任务的突然性、组织协调的复杂性、物流环境的险恶性、保障方式的非常规性、物流需求的不确定性以及物流活动的弱经济性等突出的任务特点，根据预案体系所涉及的不同等级的各类任务，预判情况和问题，系统设置训练科目、编写演练脚本，确定演练重点，确保受训人员能全面了解掌握处置突发事件时的各自任务、实施步骤和操作规程等，有针对性地提高实际操作能力。

二是要做好督导协调工作，加强演练组织的严密性。按照应急物流预案组织演练是一种全新的物流保障演习训练方式，无现成的经验可借鉴，加之演练涉及面广、理论和技术难题多，筹划准备、组织实施、协调保障复杂，在目前尚无明确职能部门负责，相关任务分工还未有法令法规予以明确的情况下，应针对预案演练不同阶段特点，根据不同类型演练的具体要求，结合有关部门职能权限，成立阶段性、临时性的组织领导或议事协调机构，有针对性地制定出台过渡性法规，指导和规范应急物流预案演练。

三是要采用现代科学技术，提高演练手段的先进性。综合运用数字网络、虚拟现实和辅助决策等先进的信息技术，建立应急预案资料、案例数据库，不断充实积累相关数据，为统计分析情报数据、合理安排演练内容奠定基础；建立应急物流保障模拟演练系统，配套开发应急预案生成、变更和评估等辅助决策支持软件，打好网络化、虚拟化演练基础。有效解决应急物流预案多涉及大范围、异地协同，实际运用人员、物资进行演练时组织协调不易、投入成本过高等问题，从而减少预案演练在人力、财力、物力等方面的耗费，有效提高训练的质量和效益。

四是加强全程演练评估，检查验证预案的可靠性。制定突发事件应急物流预案评估管理办法和应急演练管理办法，完善应急物流预案及演练的评估程序和标准。对照预案加强队伍力量、装备物资、保障措施等的检查评估，确保应急响应启动后，预案规定任务措施能够迅速执行到位。加强应急物流预案宣传培训，制订落实应急演练计划，组织开展实战化的应急演练，鼓励形式多样、节约高效的常态化应急演练，重点加强针对重大灾害事故的应急演练，根据演练情况及时修订完善应急物流预案。

五是全面归纳总结情况，增强演练成果的有效性。演练结束后及时做好经验总结，针对演练中暴露出来的问题，查原因、提措施。通过演练总结环节，做好预案演练的收尾工作，撤除各种演练设施，收回相关器材及资料；明确后续工作任务安排，防止紧张激烈的演练之后，产生松懈麻痹思想，引发不安全问题；及时做好演练资料的收集整理、归档备案工作；根据应急预案演练组织实施过程中的数据统计、情况分析和评测判断，检查验证预案的科学性，并根据实际需求修订完善应急预案。

第五章　应急物资系统建设

应急物流必须有"物"可"流"。应急物资系统包括应急物资的数量规模、品种结构、布局形式、生产能力、存在状态等相关构成要素。应急物资系统是应急物流体系的作用对象和基本构成要素。从应急物资储备、应急物资筹措等方面加快国家应急物资系统建设是提升应急物流保障能力的基础性工作。

第一节　应急物资储备建设

应急物资储备是应急物流体系的基本要素，加强应急物资储备建设及管理是应对突发事件、做好应急物流保障的基础，其地位和作用十分重要。需采用现代管理理念、信息手段和仓储装备，提升应急物资储备整体效能。

一、编制应急物资储备目录

编制应急物资储备目录是优化应急物资储备的基础性、全局性工作。首先，要合理编制各层面应急物资储备目录，科学调整储备的品类、规模、结构，以便指导各级政府按照需要安排好相应的应急物资实物和能力等的储备，为快速处置突发事件提供第一时间的物资保障。国家业务主管部门应组织应急管理专家，根据不同类型的突发公共事件，按照应急物流体系的总体目标、可能的需求情况以及物资的重要程度，研究论证政府、军队、市场和家庭等各个层面储备物资的定位、作用、分工等，从战略全局上对应急物资储备的规模、品种、结构和布局等进行统筹设计，优化完善现有应急物资储备体系。

二、优化应急物资储备网络规划

提高应急物资储备能力和水平，必须优化应急储备网络规划，应当按照全局着眼、顶层设计，全维规划、有效衔接，全域覆盖、有所冗余，分区预储、突出重点，全程优化、及时修正的思路，进行不间断的优化调整。

一是全局着眼、顶层设计。主要是要面向突发事件应急物流保障需求，着眼构建和谐社会、实现科学发展、强化应急管理，从国家安全发展战略全局出发统筹规划应急物流储备网络。发挥专家团队的智力支持作用，对于实践中出现的各种矛盾问题，进行模拟仿真演练，提出有效的解决方案，及时对应急物流储备网络规划进行优化调整。

二是全维规划、有效衔接。主要是通过地方和军队各个系统、各个部门应急物流有关规划的对接，充分整合全社会物流资源，特别是有效衔接国家粮食和物资库体系、军队通用物资储备力量和国有大中型物流企业等既有的网络体系，实现各个体系的聚合效应。对于能够整合利用的应急物流储备资源，不再立项新建。

三是全域覆盖、有所冗余。主要是要在全国范围内构建一个适应各种类型突发事件需求、覆盖绝大部分国土和人口的应急物流储备网络，并允许适度的重叠，具备一定的冗余力量，确保有效满足应对一场特别重大和一场重大突发事件的应急物资储备保障需求。

四是分区预储、突出重点。应急物流要分区域有重点加强预置预储，具体而言，应结合国际国内安全环境、气象条件和地理特征等，在重要方向、重点地区，有针对性地预置部分急需物流装备和物资器材。例如，海南、广东地区应重点围绕抵御台风和应急救援需要，适当储备食品、急救药材、发电机等物资器材；长江流域和洞庭湖地区应重点围绕转移安置群众、保障抗洪抢险需要，适当储备给养、被装、帐篷等物资器材；湘鄂、粤北、桂北地区应重点围绕抗雨雪冰冻灾害需要，适当储备发电机、暖风机和食品、棉被、蜡烛等装备器材；主要交通沿线的油库，应适当加大特种油料储备，确保极端气象条件下也能展开正常运输保障。

五是全程优化、及时修正。主要是要着眼物流的全过程、全系统，从应急物资的数量、质量、时间、空间四个维度进行优化设计，特别是应急物资的储存和运输兼顾并重，尽可能消除装卸搬运瓶颈，避免出现"肚大口小"的不利情况，做到各个功能环节能力匹配、综合效益最优。

三、完善应急物资储备方式

应急物资储备要遵循统一规划、分级储备的原则，按照政府、军队、市场和家庭"四位一体"综合储备体制，按照适用、适量的要求，科学确定各级储备品种、规模。建立实物储备、协议储备、生产能力储备三者紧密结合的储备方式。

一是完善物资实物储备。实物储备是发生突发事件时应急救援的主要物资保障。完善中央、省、市、县、乡五级物资储备布局，建立健全包括重要民生商品在内的应急物资储备目录清单，合理确定储备品类、规模和结构并动态调整，建立完善应急物资更新轮换机制。扩大人口密集区域、灾害事故高风险区域和交通不便区域的应急物资储备规模，丰富储备物资品种、完善储备仓库布局，重点满足流域大洪水、超强台风以及特别重大山洪灾害应急的物资需要。支持政企共建或委托企业代建应急物资储备库。

二是加强物资协议储备。协议储备是各级政府把一定量的物资储备任务下派给该区域内的生产企业，由企业储备一定种类的物资。政府对生产企业储备救灾物资的工作进行日常指导、检查、监督、管理，并且给予企业适当的补贴，一旦发生突发事件，政府紧急生产或调用协议企业储备的该项物资。把企业储备的应急救灾物资作为国家应急储备体系的重要组成部分，更有利于完善国家应急物资储备网络。协议储备可以将企业库存作为国家应急物资储备体系的一部分。应急物资在保证国家需要的基础上，还能发挥市场安全库存的作用，从而避免为了应急储备而储备。

三是提升物资生产能力储备。生产能力储备主要靠各级政府部门与企业签订生产能力储备合同，当突发事件发生时，企业迅速提高生产力，紧急生产或研制协议所规定的应急物资。对于生产能力储备协议的签订，一般可以通过签订紧急征用合同、紧急供货协议和期权协议等方式实现。企业能力储备应急物资可以弥补实物储备过少影响救援、储备过多增加成本的不足。但对于应急救援时效性要求较高的物资则不适合生产能力储备。对于存储需要太多空间、生产周期不长、保质期相对较短、需求量小但容易获取，以及适应多种突发事件的大宗应急物资，政府可以考虑与生产企业签订生产能力储备协议①。实

---

① 雷秀. 应急物资储备方式选择与储存成本控制问题的研究［D］. 合肥：中国科学技术大学，2011.

施应急物资生产能力储备工程，制定应急物资生产能力储备目录清单，选择符合条件的企业纳入生产能力储备企业范围，建立动态更新调整机制；完善鼓励、引导重点应急物资生产能力储备企业扩能政策，加强生产能力动态监控，掌握重要物资企业供应链分布，持续完善应急物资产业链。

在建立健全以上三种方式储备的基础上，还要重点关注以下三个问题。

首先，加强国家和军队应急物资储备的一体化建设。目前，国家和军队各有一套庞大的、辐射全国的专业化物资储备体系。从国家发展战略全局出发，加大特殊应急物资的储备，将国家应急物资储备与军队物资储备有机结合起来，统筹规划、优化配置、适当调整、综合布局，充分发挥国家、军队物资储备在仓库布局方面的"网络优势"，同时，充分利用国家、军队物资储备系统中的闲置仓库资源，积极响应建设节约型社会的号召，可以避免储备仓库等硬件设施的重复建设。

其次，健全地方政府层面和市场层面的应急物资储备。地方政府层面，地方政府应按照属地为主的原则，以行政区划为单位，依据人口分布情况，建立适应本区域自然地理、社会经济特点的常用救援器材和生产生活物资储备。例如，沿海地区应重点围绕抵御台风和应急救援需要，适当储备食品、急救药材、发电机等物资器材；地震多发地区应重点储备救援工程机械和帐篷等物资器材。市场层面，主要是由各有关企业在流通中适当增大库存量，建立食品、日用品等消耗性物资的储备，并可充分利用现有资源代储政府应急物资。又如，主要交通沿线的油气储运企业，应适当加大特种油料储备，确保在极端气象条件下也能展开正常运输保障。这两个层面的应急物资储备系统建设中，应高度关注工作开展的持续性，特别是要避免地方政府"政绩"工程和部分企业投机行为的负面影响。

最后，建立家庭层面的应急物资储备。目前，我国广大城乡家庭基本上还没有针对可能发生的突发公共事件建立应急物资储备的思想意识。必须在全社会大力倡导建立家庭层面包括应急食品、应急生活用品、自救应急用具等在内的应急物资储备。这方面，日本等世界发达国家和地区走在了前面，如日本为抵御震灾开列了包括保存期较长的饮用水、便携报警器、应急灯、家庭防灾急救医药箱、救护用具等在内的家庭应急物资储备清单。我国应当倡导建立适应我国国情的家庭应急物资储备，特别是我国分布广泛的农村家庭应着重加大粮食储存量，以确保在有效救援不能及时到达的情况下具有基本的生存物资条件，提高自身应对突发事件的能力。

第二节　完善物资应急筹措

除了动用应急物资储备，应对突发事件时物资应急筹措也是应急物流保障的重要支撑。应确保物资应急筹措高效、规范、安全，应综合运用物资应急采购、应急物资动员、应急物资捐赠等物资应急筹措方法。

一、物资应急采购

物资应急采购是临时发生的需求，在采购计划制订与实施过程中不断变化是其主要的特点。因此，物资应急采购应借助应急物流信息平台与快速反应机制，充分发挥政府的协调组织能力和社会企业的力量，建立重要应急物资供应商名录。同时，物资应急采购应提前部署，制定灾害突发时紧急采购流程，以实现在最短的时间内筹集所需物资，确保应急物资的数量和质量。

（一）物资应急采购特点

物资应急采购有以下特点。

一是应急采购影响因素多。应急行动不可预测，突发性强。物资保障部门不但要保障参与行动人员的衣食住行，还要保障执行任务所需的装备物资；由于担负采购任务的强度、广度以及保障需求节点和持续时间的不确定性，采购任务下达的时间、采购品种、采购数量等具有很大的不确定性。

二是应急采购时效性与针对性强。应急采购保障与日常采购保障相比，对时间节点的要求非常苛刻，超过特定的时间就不再具有既定的保障价值。同时，执行不同的行动任务，所需装备和物资的种类差别很大，必须具有针对性。

三是应急采购保障难度大。在广阔的区域内展开作业，布局分散，任务转换节奏快，所在区域因受自然灾害等因素的严重破坏，交通、电力、通信等基础设施瘫痪，短时间内不能恢复正常，物资保障难以及时跟进，给装备和物资的补给，特别是生活必需品供应造成很大困难。

四是区域资源和行业资源紧张。一方面，执行任务和生活需要消耗大量的物资，人民群众的基本生活需求在短时间内也会急剧膨胀。

同时，区域内资源本身遭到破坏，加之基础设施设备遭到破坏造成的资源流通不畅，区域内资源在短时间内会严重短缺。另一方面，紧急情况下，很多机构都会启动应急采购机制，由于采购内容具有很高的集中度，相关行业资源的需求量会急剧膨胀，物资价格将大幅度上涨，市场环境也随之恶化①。

（二）物资应急采购策略

物资应急采购需采用多元化策略，充分运用政府、军队、企业的优势资源和力量，构建平急战结合的物资应急采购保障体系，确保重要应急物资关键时刻调得出、用得上。

一方面，加强顶层设计，优化部门协同。统筹政府、军队、企业和其他社会组织的物资应急采购工作，建立统一的军地协同物资应急采购管理平台，提高应急物资管理的信息化水平，使应急物资管理部门能够完全掌握政府、军队、签订协议企业、慈善组织所储备的应急物资的数量、种类和库存情况，随时了解储存周期较短的应急物资的更新情况。建立专门的应急物资管理信息平台，实现对应急物资的高效调用和应急采购。

另一方面，推进多种采购方式合理配置、高效耦合。在做好政府、军队实物储备的同时，充分发挥协议储备和生产能力储备的作用。例如，从一定维度可以把应急物资划分为生活物资、个人防护装备物资、专用物资三类。第一类生活物资，指粮食、食用油和饮用水、手电等生活用品，随时随地可以从市场采购，地方政府也有少量

---

① 刘楚瑜. 浅议军队应急采购能力提升策略［J］. 中国物流与采购，2023（12）：95-96.

储备。第二类个人防护装备物资，如安全帽、防护鞋、防毒口罩等，此类物资具有通用性强、储存单位多，社会上整体储存数量大的特点，可统一提供生产、储备此类应急物资的企业和场所，突发事件早期，直接从物资生产储备的企业和场所调用，使用后再支付费用；基层政府也可先征用这些物资后付费。第三类专用物资是指在事件处置过程中，针对不同处置对象而消耗的特定物资。专用物资具有针对性强、储存数量少的特点，地方政府部门采取签订保障协议的方式进行储备，由协议方储备一定数量的实物，确保发生突发事件时能够紧急调用。

（三）物资应急采购管理

1. 建立健全应急采购法律制度

将应急采购纳入政府采购法律体系，着力加快应急采购管理法治化进程，在细化明晰应急采购相关规则制度的基础上，完善充实既有政府采购法律体系建设。一方面，要求在立法中明确应急采购的适用情形、运行流程及人员与机构配备等系列内容；另一方面，要求对突发事件下的哄抬物价等违法行为进行界定、处罚，为应急采购管理提供相应法律依据。

2. 合理确定应急采购方式

事前阶段，重点运用预先采购方式。根据应急采购国际先进经验可知，事前预判、制定预案与预先采购等做法均可在突发事件发生之前未雨绸缪，提升保障效果。一方面，可按照应急采购目录委托相关部门采取公开招标、谈判方式确定协议定点入围供应商，并将入围供应商名单、入围品目、产品参数、产能库存、价格标准等信息在网络平台展示，形成稳定可靠的应急供应商队伍，便于预先签订战略协议。另一方面，可通过制定应急采购预案的方式，对尚未发生的突发事件提前做出预判并做好采购战略部署，以切实提升紧急应对效率，完善应急采购环节建设。

事中阶段，科学选用采购方式。紧急情况下，可加大对单一来源采购、竞争性谈判等方式的运用力度，但必须通过书面文件形式为其提供充分的信息佐证，在此基础上针对不同采购金额分别设定不同层级的审批权限；而在某些条件下，还可以尝试采用口头征求建议采购等简易采购方式，充分适应应急采购的现实要求。

3. 完善应急采购合同管理

首先，强化应急采购合同定价管理。紧急状态下，供应商各项成本通常比平时更高，价格控制由此成为应急采购的核心问题。一方面，可通过松绑采购定价权、灵活调整定价等方式提升应急采购合同定价的灵活性与高效性。另一方面，根据不同阶段的现实情况科学选择定价方法、确定采购标的合理价格区间；为防止畸高畸低价格对市场秩序的干扰，还应设定最高或最低限价，有效控制采购成本；与此同时，还应在合理定价的基础上建立网上价格监测监控机制并进行实时更新公示，指导供应商合理报价和采购人理性采购。其次，放松应急采购合同内容与合同形式要求。在合同内容方面，采购标书及合同条款应随外部环境变化及时调整改进；在合同形式方面，可适当放松对合同文件完备性的硬性要求，酌情省略采购公告或合同公告等非必要性内容，以缩短采购周期，提高采购效率。最后，创建响应式通用合同框架。尝试搭建适用应急采购的通用合同框架，此框架应涵盖应对紧急情况需求的一般性准则、紧急合同订立双方的机构概述以及紧急获取货物与服务的简化采购程序等内容，以备紧急状态下采购合同的快速订立与及时执行。

4. 健全应急采购管理运行机制

健全应急采购管理运行机制应抓住以下几个方面。

一是优化供应商选择机制。一方面，市场为主，择优选用。应在稳定应急采购渠道的基础上，尽可能多地获取市场上的供应商信息，通过有效竞争机制挑选出能力卓越的供货商，有计划地开发后备供应商力量、不断完善供应补给链，并实行动态、全面管理，综合分析、择优选用，实现采购渠道的升级。另一方面，重点突出，适当倾斜。尽可能支持中小企业参与应急采购活动，切实减轻企业负担，帮助企业渡过难关、实现稳定发展；当地域内突发紧急情况时，应急采购也可适当向本地供应商倾斜，以充分节省采购时间与运输成本。

二是构建应急采购信息公开机制。一方面，积极推进应急采购意向公开。采购人、采购代理机构应依法在应急采购平台上及时、完整、准确地发布采购信息，并鼓励采用网络手段进一步扩大采购信息发布范围，进一步提高应急采购透明度。另一方面，建立应急采购信息网络公示制度。尽管应急采购的紧迫性使其信息公示难度加大，但这并不意味着紧急采购工作可以不受社会监督。大数据分析、人工智能、区块链等新一代信息技术可以有效促进应急采购需求、采购结果以及合同履行情况等信息数据动态共享，将应急采购实况进行可视化展示，增强公众参与知情权，以此保证应急采购工作在阳光下有序开展。

三是建立应急采购监督审查机制。应急采购不同于常规采购程序，其公开透明度和市场竞争程度通常不高，需要更加严格的过程控制与后续审查机制来防范采购风险。第一，重视应急采购过程控制。在通过系列灵活性措施持续提升应急采购效率的基础上，还应设法兼顾对应急采购活动的过程控制。一方面，应当建立起一套应急采购监督管理制度，做到对采购人与供应商内外兼防，以保证应急采购依法有序开展。另一方面，注重项目风险防控，基于紧急状态下供应商履约及其他各类突发风险明显增大这一现实情况，可在成立应急采购风险防控委员会、合理设计评估指标体系的基础上，不断调整完善应急采购风险评估及应对方案，加强应急采购内控，切实降低应急采购过程风险。第二，建立应急采购后续审查机制。一方面，运用审计手段加大对应急采购项目的审查力度，为此，采购人员应尽可能在电子信息化平台完成采购工作或者留存完整的采购行为记录，包括紧急采购申请理由、采购决策、预算金额、供应商选择、谈判过程、采购合同和价格、资金支付等档案材料，并保存纸质材料备份，以便在电子设备受损等紧急情况下快速签订采购合同、顺利完成采购工作并接受审计检查与公众监督。另一方面，从经济效益、社会效益、环境效益等方面设计应急采购项目绩效评价指标体系，力求在履约验收环节中开展全方位绩效评价，从而为今后政策改进、程序优化提供方向指引。

（四）优化物资应急采购模式

利用采购云进行模式优化，采用"一张网"确保物资采购供应精准可控。

一是"特事特办、急事急办"。在新冠疫情防控的战役中，采购云平台充分体现了其"不见面、零接触"的特点，发挥"一张网"

优势，提供信息发布、供需对接、资源撮合、物资调拨管理、物资寻源、物资储备监测、库存管理、远程办公等功能，运用数字技术解决应急采购时的供需矛盾，大大提高了时效，有力保障了紧缺物资的应急采购。要建立国家统一的物资应急采购供应体系，围绕重大突发事件和部队演训任务拟制应急采购保障预案，建立应急采购需求与信息资源库。精准引导供应商合理组织货源，智能辅助采购单位科学决策，协助各部门和采购中心有效规范市场秩序。采购供应链管理的创新，有利于打破物资采购区域限制，实现应急应战物资的跨区域采购调配，满足不同场景应急物流需求。

二是"全程在线、实时监控"。依托我国互联网采购领域多年积累的丰富资源，推动海量、多态、实时的采购数据上云，依托云架构后端的大数据和人工智能引擎，对采购数据进行更有效的搜索、聚合、分析、推荐和预测，提高采购规范化程度和对采购业务的管控能力。赋能各级相关部门充分利用平台数据精准施策，进行有效监管督导，对违规供应商及其商品进行稽查曝光，确保应急应战物资采购安全可控。实现管理权限在云上控制，业务操作在云上留下痕迹，进一步减少人对采购的干预，使采购行为更加科学有效。强化对物资的价格、交易、库存和物流等数据信息的动态监管，发布重点物资的紧缺情况和价格波动趋势。

三是"全网供货、全网采购"。提高全网采购透明度，采用供应商寻源信息获取系统+人工寻源双模式，在最大范围内获取和管理采购资源，保障货源可靠，把控供货质量，防范采购风险。前中后台各司其职，简化供应商管理流程，开启绿色通道，运用框架协议+订单采购模式提高采购效率，提升集约化采购程度，降低采购成本，让采购变得更智慧。对采购大数据进行规模化聚合、智能化分析，利用算法模型测算采供双方供需变化、物资价格、交易行为等数据，采用自动补货系统快速备货，实现及时响应，协调库存状态，理顺储备与采购的关系。

二、应急物资动员

应急物资动员是物资应急筹措的主要方法之一。加强应急物资动员，必须坚持军民统筹、一体设计、整体推进，努力建成种类齐全、布局合理、持续稳定的应急动员系统。

（一）当前存在的主要问题

目前，对应急物资资源的动员和管理还处于一种无序状态。其原因如下：一是缺乏动员法规制度。当前，尚缺乏健全完善的应急物资动员法律法规、规章制度和标准规范，特别是还未建立应急物资资源的动员和管理机制。二是缺乏科学合理的准入标准。对应急物流企业进行考核评估，必须建立起应急物流资源的准入"门槛"，我国正在加紧建立科学合理的准入标准并不断通过实践检验优化。三是缺乏严谨合规的认证登记。只有对准入的应急物流企业予以认证，并登记备案，才能确保政府或其他主管部门对应急物流资源的状况心中有数。四是应急物资动员指挥决策能力有待提升。目前，大数据、人工智能、云计算等技术在应急物资动员领域的运用还不普及，亟待建立集联合指挥作业、实时信息处理、方案计划查询、辅助指挥决策等功能于一体的应急物资动员指挥决策系统，以实现未来应急物资动员的指挥决策科学化、行动控制智能化、信息处理自动化。

（二）应急物资动员运行机理

应对突发事件应急物资动员，政府各部门必须精准施策、协同作业。财政部门应及时提供政策和资金支持，及时启动应对突发事件的财政收入政策、财政支出政策、资金拨付机制；物资保障部门应及时挖掘供给能力和开发新的生产能力。例如，在新冠疫情中，对口罩等医疗防控物资生产企业快速审批、指导帮扶，全力保障应急物资及时上市。政府应提升快速动员、精准处置的能力，必须充分调动各方面积极性，同时主动介入，全力支持药品、医疗器械生产企业复工复产，在开放的社会免疫系统下通过跨区域、跨部门的联动，消除行政壁垒，形成社会应急物资动员的合力。为此，应重视以下几点。

一是突出应急物资动员军地联动。按照既有利于发挥地方经济社会资源优势，又有利于发挥部队编制装备作用的思路，采取平急结合、军地联保的方法，加强应急物资动员准备。按照"平时预编预设、急时快速展开"要求，构建应急应战军地联合指挥机构，统一高效组织物资动员行动，确保军地协调一致实施应急行动指挥。可依托地方应急指挥中心组建，引入国防动员、公安、交通、卫生、气象等信息网络系统，构建互联互通的应急物流指挥平台。应急物资动员所需装备器材，平时由军地人员联合管理，明确管理责任，规范使用程序，确保既能保障动员力量平时训练，又能保障动员力量急时所需。

二是突出重点地域装备物资预储。按照"军民结合、平战结合、寓兵于民"的原则，在高新技术产业和行业龙头企业聚集地区，调整组建一批国家级、省市级国民经济动员中心，打造以动员中心为骨干的应急物资动员"转换链"，随时根据安全形势需求启动对接，实现经济潜力向动员实力的快速转化。在可能发生重大突发事件的重点方向和地区，根据遂行任务需要，依托地方应急管理体系，预先储备遂行任务急需的特种装备、专业器材和应急物资等，便于就地就近为动员遂行任务提供保障。

三是突出企业装备物资预征。着眼动员任务需求，在配备、储备物资不足的情况下，依托大型企业、产业园区等单位，对应急物资进行预征。按照"节约成本、满足需求"原则，对成本高、生产周期长的特种工程机械、运输、通信、医疗等军民通用装备器材和物资，由地方应急管理部门牵头负责，实行实物预征，便于在紧急状态下统筹调用；对消耗量大、生产与储存周期短的一般性装备物资，由国防动员系统牵头负责，实施生产能力预征，平时准确掌握动员潜力，紧急情况下迅速启动国防动员机制调用。

（三）加强应急物流动员管理

加强应急物流动员管理，要做到以下几点。

一是建立补偿机制。在应对突发公共事件中，应急物流相关企业既要履行应尽的社会责任，也要充分理解其在经济效益上的诉求，确保应急物流能够有序开展，避免出现"杀鸡取卵""涸泽而渔"的不良情况。主要是建立完善应急物资征用和补偿机制，出台管理实施办法，明确征用程序和补偿标准。为应急物流相关企业的动员管理奠定稳定的政企合作政策基础，形成长效机制，吸引应急物流相关企业积极主动地投入应急物流体系的建设中来。具体来讲，就是由政府依据有关法规，按照契约合同的约定，在突发事件发生前或发生后，对应急物流资源的动用消耗以及提供的相关服务，进行公正合理的估值估价，予以直接的经济补偿，或由政府为企业的经营发展提供减免税收、优先使用土地等政策上的优惠，确保企业能够正常运营并有足够的经济动力。

二是制定准入标准。由于应急物流的特点，政府将承担较大的政治风险，必须对相关企业的资质条件进行把关，确保其具备应急物流基本能力后方可批准其进入应急物流行业。具体来讲，由政府的业务主管部门牵头，行业协会具体实施，相关企业配合，在充分调研论证的基础上，制定切实可行的"应急物流相关企业准入标准"，建立起严格的应急物流资源准入"门槛"，从制度上保证相关企业具备基本的条件。

三是实施资质认证。从事应急物流不仅是一种荣誉，更是一种责任。政府业务主管部门应授权行业协会，组织行业专家，依据"应急物流相关企业准入标准"，对应急物流企业的商业信用、生产规模、经营能力、财务状况等情况进行全面的调查、考核和评估，予以资质认证并登记备案，给合格者颁发资质合格证书。

四是加强平时演练。应急物流保障能力建设是一个动态的过程，相关企业必须加强平时的演练，不断提升应急物流保障能力。具体来讲，相关企业根据契约合同的规定，在《国家突发公共事件总体应急预案》框架下，由政府或其他主管部门组织指导，定期进行应急物流演练，强化企业应急物流的执行力。

五是强化跟踪管理。政府业务主管部门授权行业协会，对通过资质认证的应急物流相关企业定期（每1年或2年）进行一次复审，不合格者责令整改，直至取消应急物流资质；对平时演练情况进行检查监督，确保时间、人员、场地、内容"四落实"。

三、应急物资捐赠

"一方有难，八方支援"是中华民族的传统美德，应急物资捐赠是确保"有物可流"的必要补充，需要加强相关建设和管理。

（一）加强应急物资捐赠管理

加强应急物资捐赠管理的主要目的是优化应急物资社会捐赠导向机制，提高应急物资捐赠管理水平和运行效率。为此，需重视以下几点。

一是加强捐赠物资储存管理。优化物资的分类存放，加强捐赠物资库房分区管理，按照食品类、药品类、住用类、被服类、办公类、文体类、设备类等大类进行捐赠物资分类储存，并在各类专区按干、湿、有无包装等进行区别堆垛并及时做好打码贴签，强化进出管理，针对物资需求量大、在库时间短的情况，在仓储环节坚持做到分类清晰、安全准确、堆放有序、便于出入。借助社会捐赠统一供需平台，按照政府统一标准和捐赠流程，建立快速录入和分类存放系统。这样做，一方面可以利用捐赠平台实现捐赠物资精准接收，并将捐赠信息传至物流公司，由物流公司接收和储存；另一方面，通过物流公司的库存系统，相关单位可以对入库物资和出库物资进行实时在线查询，使用单位能够及时了解捐赠物资的产品规格与库存数量并提出使用申请。与此同时，物流公司按照政府机构、公益组织要求和程序，与捐赠企业和个人进行对接，由相关部门安排专业人员把关并验收物资，有效区分医用和非医用，按照物流公司工作流程快速接收、分类存放，为精准配送做好准备。在捐赠平台上动员引导爱心企业和爱心人士定向捐赠，实现物资需求在线分配，分配结果实时更新，大幅提高工作效率。

二是优化捐赠物资出库管理。要坚持发旧存新、安全作业、高效出库，坚持有据出库做账上报。尤其在重大应急情况下，每天接收发放的捐赠物资量大、批次多、接收单位多，物资调拨频次高，要及时办理物资出库交接手续，做好发放记录，做到捐赠物资"来源清、数据准、去向明"。借助捐赠物资分配使用机制，赋予公益组织定向捐赠物资的分配权，保证物资快速分配到位。借助捐赠数据平台尽量简化捐赠和分配程序，实现供需双方直接对接。在此过程中，需求方可根据自身需求直接在线申请物资，进入库存系统选择相应种类和数量。公益组织接到在线申请后，可第一时间根据自身库存情况进行审批，需求方可随时查看审批结果，保障了后续工作的有序进行。将这些信息统筹到一个平台上，也能在一种动态平衡中，及时计算出各方物资需求，提前做好分配方案，确保在最短时间内，将捐赠物品送到最需要的地方①。

三是提升捐赠物资信息化管理水平。探索在应急物资捐赠管理中应用区块链、大数据、云计算及人工智能等信息技术，提高应急物资捐赠管理科学化水平。区块链技术的分布式、自信任和自治化等特性为应急物资捐赠及应急物流参与各方实现自我管理、自动运行和灵活的供应链治理提供了可能；运用大数据技术对链上信息进行整合并深度挖掘数据价值，能够形成全景视图，借此提高可视化程度和需求预测精度，为应急物资捐赠和应急物流各参与方建立共同的运行标准和

---

① 王鹏飞. 加快推进应急物资捐赠保障体系建设［EB/OL］.（2020-06-28）［2024-01-22］. https：//www. redcross. org. cn/html/2020-06/71881. html.

合作方式奠定基础。此外，运用人工智能技术能够对海量数据进行实时或近实时的处理，并对沉淀的信息价值进行充分挖掘，为后续决策提供辅助支持，使应急捐赠物资管理和应急物流运行更加高效、精确和智能。

（二）应急物资捐赠联动协调

在新冠疫情防控工作中，应急物流发挥着疫情防控总体战的"生命线"和保持生产、生活平稳运行的"先行官"的重要作用，保障了疫情期间物流不断线，供应不断链。但在疫情防控工作前期，应急物流也暴露出一些问题，如信息不对称、管理不规范、过程透明度低、可追责性差，尤其是在捐赠物资管理上存在去向真实性难以保证等问题。要提升应急物资捐赠管理和保障能力，需要实现上下游信息高效传递、确保应急物资捐赠联动协调。

在应急场景物资保障中，上下游需求变化和保障动态等供需信息难以快速高效传递，这在一定程度上造成了应急物流的"数据烟囱""信息孤岛""牛鞭效应"，严重影响了物资保障的效率。特别是突发公共事件发生后，社会各界踊跃捐赠各种物资，但在筹集、接收、分配与追溯等过程中容易产生捐赠资源配置不合理与效率较低等问题。例如，物资接收和领用信息不透明、物资分配流程不合理、物资紧急等级不明、配送优先次序不清、一部分物资被滥发或冒领，造成了捐赠与受助需求在品类与时间等方面契合度低。资源配置上的传统技术手段难以实现跨领域、跨部门资源实时信息的共享及开放是导致这个问题的重要原因之一。为解决这一问题，必须建立应急物资捐赠工作的联动协调机制，实现社会各界各部门捐赠物资的数据整合和信息匹配，进行跨链数据共享与社会协同。区块链的分布式结构可实现应急物流各方点对点通信，降低烦琐的层级信息传递结构产生的"摩擦力"，改善信息流动和共享的效率与准确性，实现有限物资的平衡调度、按需发放，为应急物资需求方提供高效及更有针对性的物资援助。2020 年 2 月，武汉大学团队研发的全国抗击新冠肺炎防护物资信息交流平台"珞樱善联"正式上线，合理划分物资需求紧急等级，开展疫情防控物资和应急保障物资的供需信息匹配与业务对接服务，实现捐受双方意愿线上精准对接，按照优先次序安排接收、分配、运送、调拨等物流活动。

（三）应急物资捐赠透明运行

面对捐赠物资，接收与分配机构尤其是慈善组织必须及时公开与更新相关数据，确保信息透明，否则容易引起公众的不满或质疑，甚至遭遇信任危机，对疫情防控工作造成负面影响。为此，必须推进应急物资数据透明公开。区块链共同记账的颠覆性方式保证了人人可获取完整信息，大家平等接收网络中的消息，每位参与者都可以完整观察系统中节点的全部行为。因此，各参与者对观察到的捐赠物资名称、数量、价值等相关信息进行记录，并输入捐赠者、中间组织、受助者等主体相关信息，以及记录物资捐赠、接收、仓储、分配、运送、签收、领用等物流过程的相关信息，把捐赠数据晒在阳光下，实现物资信息透明公开。慈善组织及其各个合作主体随时采集区块链上的存证信息，主动及时公开捐赠物资数据、进行有效自证，避免遭受因信息公开不及时、数据传递扭曲等问题导致的信任危机，也可以通过这种方式及时防谣止谣，增强慈善组织公信力。2017 年 9 月，京东公益物资募捐平台正式上线的"守梦天使寻找之旅"公益项目，它是中国应用区块链技术追溯捐赠物资的首个案例，其创新性地应用区块链技术采集、整合、记录和展示捐赠物资的流程、批次和信息，并向每位捐赠者发送含有区块链追溯证书的公益项目链接，捐赠者可随时查询捐赠物资的真实去向，有效地保障了平台项目的公信力。

应急物资捐赠的透明运行有以下好处。

一是实现应急物资追溯，避免伪劣物资流入。疫情期间，最高人民检察院先后通报多起生产和销售假冒伪劣防疫物资用品的案件。依托区块链技术将应急物资相关的生产和流转信息实时记录在区块链上，可实现源头治理和全程追溯，防止应急物资掺杂假冒伪劣。京东建立的"区块链追溯平台"，依托区块链技术形成一套无人值守的价值数据交换和交易体系[1]，并在抗击疫情中发挥积极作用。通过将原材料过程、生产过程及流通过程的信息进行整合并写入区块链，可实现精细到一物一码的全流程正品追溯，构建起应急物流的"可信供应链"。

二是形成完整责任链条，有效降低信任成本。以往应急物流系统内的数据信息由各参与主体自行维护，难以实现互信。当账本信息不利于其自身时，责任方或利益相关方可篡改或删除记录，举证、追责将付出额外成本。由于应急物流对物资质量及物流的时效性有严格要求，基于区块链可对应急物流信息进行实时动态追踪和完整翔实存证，这对提升应急物流的透明度、可审计性、可追责性及公信力，提高信息共享的可信度意义重大。区块链通过提供电子签名、时间戳、

---

① 任芳. 区块链技术在京东物流领域的应用［J］. 物流技术与应用，2018，23（5）：88-90.

数据存证及全程可信服务，建立了完整信任体系，基于逻辑代码的机器信任提供了透明监督、职责界定和责任追究的可靠依据，形成了完整、防篡改的责任链条，因而有效提升了相关机构的责任意识和服务意识。区块链的可溯源和透明性特征有助于应急物流各方自觉守信并实现自证，"把数据晒在阳光下"，这就提升了政府公信力，为全民战"疫"提供坚实的群众基础。

三是引入去信任化范式，破解捐赠信任危机。新冠疫情期间，由于部分捐赠物资去向等信息发布不及时、不公开及不透明，一些慈善组织遭遇信任危机。区块链能够带来极高的透明度和严明的问责机制，引入去信任化的交易范式可以保障记录于链上的每一批物资流转都真实可信且透明清晰，甚至能够实现完全点对点的精准慈善。这种范式能够使公众通过便捷、实时、公开及透明的捐赠方式支持慈善事业，集全社会之力推进疫情防控工作。目前，杭州复杂美公司上线公益慈善区块链平台，华为将区块链技术用于慈善捐赠的公示和溯源，趣链科技和雄安集团也推出慈善捐赠溯源平台，均可实现数据上链、需求发布、支援地图、过程存证、信息追溯、反馈触达及多端参与①。

---

① 李冰．区块链技术为防疫捐赠赋能 信任机制为慈善带来可信连接 ［EB/OL］．（2020-02-10）［2024-01-20］．https：//blockchain.people.com.cn/n1/2020/0210/c417685-31579349.html.

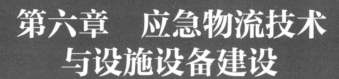

第六章　应急物流技术
与设施设备建设

应急物流技术与设施设备是指与应急物流密切相关的科技手段，运输、仓储、配送、装卸搬运、包装等相关设备和机械工具，以及具有应急物流功能的站台、码头、交通航线和路线等各种固定设施。它构成了应急物流体系有效运作的物质基础。研究开发用于应急物流的技术和装备，完善和新建一批适用的固定设施，能够大幅提升应急物流保障能力。

第一节　应急物流技术发展

应急物流技术是为满足应急物流活动的需求而使用的各类技术的总称，是应急物流发展的重要支撑，是应急物流体系建设的重要基础。

一、应急物流技术体系构建

分析应急物流技术体系构成可以全面梳理、研究各项应急物流技术的名称、功能、组成以及技术参数、技术定位。这为在应急物流体系建设中开发应用相关技术，促进应急物流设施设备建设提供了理论支撑。

应急物流技术体系是指为满足多样化、多层次的应急物流活动技术需求，由多项技术复合组成的，具有层次结构化和体系化特征的技术集合。应急物流技术体系一般以技术列表的形式展示和构建，其中的各项技术从能力需求牵引中获得。一般来说，应急物流技术包括应急物流硬技术和应急物流软技术。应急物流硬技术主要包括应急物流活动中的机械设备、运输工具、站场设施及服务于应急物流活动的计算机、通信网络设备等方面的技术；软技术主要包括应急物流活动中的作业技能、作业程序和管理方法等。应急物流技术体系构成可以从作业流程、技术层级、系统构成要素等不同维度进行分析，在此，从作业流程维度进行全面分析，从其他两个维度验证完善。

（一）按照应急物流流程构建应急物流技术体系

在应急物流保障中，各项基本物流活动遵循一定的顺序和过程。常态物流的功能要素和流程一般认为由准备阶段开始，包括物资储存、包装、运输、装卸搬运等，以物资的配送为结束，其中还包括物流信息处理等活动。应急物流的功能要素和流程与常态物流差异不大，但由于应急物流需求不确定和不可预见、作业环境恶劣、时效性要求高等特点，其技术构成更突出应急物流需求预测和应急资源获取，更强调满足"大进大出、快进快出""全地形、野战化"要求。

应急物流准备直接关系着应急物流目标的实现，它包括应急物流需求预测以及应急物资筹措，筹措的方式一般包括应急采购、动员、捐赠等。应急物资的储备由应急物资储备中心负责，可以依托中央、各省区市平时已建成的应急物资储备基地而建。政府在建立自身的专门性应急物资储备时，也可以对时效性物资依法采取经济方式或行政手段，由生产厂商、供应商代储，以降低成本。对应急物资进行合理包装、编码、单元化集装，有助于后续对于物资的快速识别和投送，提高应急物流效率。实现运输物资空间转移是应急物流的重要环节，一般由公安、交通、铁路、公路、水路、民航等部门负责应急运输保障工作，必要时可运用军事运输装备、专用线路等。应急物资末端投送是指在应急物流据点对应急物资进行拣选、包装、加工后按时送达指定地点的物流活动,对完善整个应急物流系统具有重要的作用。在突发事件发生后,救援的重点往往放在受灾严重的重灾区,由于信息的不完全性,会有超量应急救援物资和生活必需品进入重灾区,造成某些可重复利用的物资闲置,因此事后应对可回收的应急物资进行处理以减少资源浪费、降低成本、提高资源利用率。应急物流流程如图6-1所示。

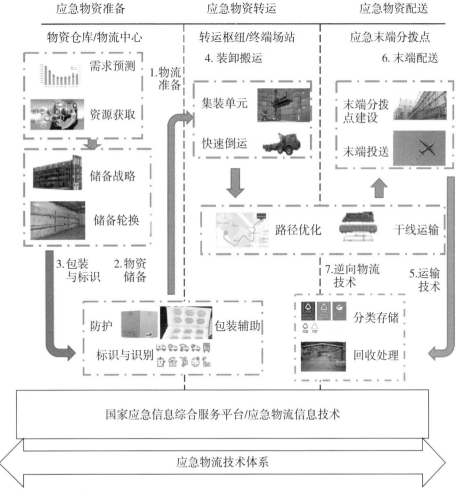

图6-1　应急物流流程

因此，参照常态物流的功能要素及流程，结合应急物流的特殊性要求，构建应急物流技术体系如表6-1所示。

表6-1　　　　　　　　　　应急物流技术体系

体系构建的依据	技术分类		技术名称	是否为应急物流专有技术	是否为应急物流关键技术
应急物流流程	应急物资准备技术	应急物流需求预测技术	储备规模预测技术	是	是
			快速响应需求预测技术	是	是
			应急物资功能聚类分析技术	否	否
		应急物流网络构建技术	港口、机场、车站等重点场站应急通道快速转换技术	是	是
		应急资源获取技术	应急资源采购技术	否	是
			应急资源筹措技术	是	是
			应急物流人员培训管理技术	否	否
	应急物资储备技术	应急物资储备战略选择技术	战略储备布局规划技术	否	否
			不确定条件下的设施选址技术	否	是
		应急物资储备技术	应急物资联合储备技术	否	否
			模块化集装预储技术	是	是
			应急物资储备轮换技术	否	否
			高效应急仓储技术	否	是
			密集存储技术	否	否
			快进快出货位优化技术	否	否

体系构建的依据	技术分类		技术名称	是否为应急物流专有技术	是否为应急物流关键技术
应急物流流程	应急物资储备技术	应急物资调度技术	多点组合、多目标的应急物资调度技术	是	是
			一次消耗的应急物资调度技术	是	是
			连续消耗的应急物资调度技术	是	是
			多资源应急物资联合调度技术	是	是
	应急物资包装与标识技术	防护包装技术	防潮包装技术	否	是
			减震包装技术	否	是
			药品类物资温控包装技术	是	是
		包装辅助技术	应急智能包装技术	否	否
			应急绿色包装技术	否	否
		物资标识与识别技术	快速识别标识技术	否	是
			应急物资编码技术	否	否
	应急物资装卸搬运技术	物资集装技术	应急物资集装单元化技术	否	是
			货物装载加固技术	否	是
			应急条件下货物快速装载技术	是	是
		物资快速倒运技术	运输工具快速对接技术	是	否
			高效重载起重吊运技术	否	否
			移动式高速输送技术	否	否
			高速越野装卸搬运技术	是	是

体系构建的依据	技术分类		技术名称	是否为应急物流专有技术	是否为应急物流关键技术
应急物流流程	应急运输技术	应急物资路径优化技术	动态需求与路况不确定情况下的路径规划技术	否	否
			路网条件与路网情况不确定条件下应急物资多式联运技术	是	否
			应急物流节点快速通过技术	是	否
		应急物资干线运输技术	重载公路运输技术	否	是
			越野运输技术	是	是
			高速铁路重载运输技术	否	否
			应急水路快速运输技术	否	否
			应急管道运输技术	否	否
			复杂地形与气候条件下的直升机投送技术	是	是
			高原地区飞行器起飞技术	是	否
			重型物资与装备空中运输技术	是	否
	末端分拨点快速精准投送技术	末端分拨点建设技术	基于大数据的分拨中心选址技术	是	是
			临时分拨中心快速搭设技术	否	是
		应急物资末端投送技术	考虑时效性和动态性的应急物流资源调度技术	是	是

体系构建的依据	技术分类		技术名称	是否为应急物流专有技术	是否为应急物流关键技术
应急物流流程	末端分拨点快速精准投送技术	应急物资末端投送技术	恶劣气候地理条件下末端快速精准投送技术	是	是
			基于大数据的空中精准投送技术	是	是
			危险复杂环境下多传感器救灾搬运机器人技术	是	是
			无人机精准投送与救灾技术	否	是
	应急物流信息技术	—	应急物流业务建模技术	否	是
			应急物流数据共享与交换技术	否	是
			应急信息平台联动技术	否	是
			应急物流业务承载于涉密网络与非涉密网络间数据交换技术	否	是
			移动应急位置服务技术	否	是
			复杂环境下的市内定位技术	否	是
			卫星通信技术	否	是
	其他技术	应急物资处理技术	逆向应急物流技术	是	否
			应急物资善后处理技术	是	否
		应急物流效果评价技术	应急物流能力评价技术	否	否
			应急物流统计技术	否	否

续表

体系构建的依据	技术分类		技术名称	是否为应急物流专有技术	是否为应急物流关键技术
应急物流流程	其他技术	应急物流安全保障技术	危险品应急物流全程安全监控技术	是	是
			危化品物流接口技术	否	否
			物资快速安检技术	否	否

（二）按照应急物流技术层次构建应急物流技术体系

根据应急物流技术作用层级不同，应急物流技术可以分成三个不同层次，即宏观决策型技术、中层控制型技术、微观操作型技术。不同层次的应急物流技术所包含的具体内容不相同，各自的侧重点也不同。

宏观决策型技术在应急技术体系层级中是最高的。宏观决策型技术的内容都是战略层次上的引导，所服务的是国家层面应急物流的目标、总体应急需求。

中层控制型技术是在某次突发事件发生后，对该事件更为细致的指导性技术，它在内容上比宏观决策型技术更具体，主要包括多式联运技术、设施选址技术、仓储布局优化技术等。

微观操作型技术是应急物流技术体系的最低一层。微观操作型技术是用来指导每一次突发事件中具体的物流活动的。它所包括的内容最为繁杂，所涉及的领域也最为广泛。

（三）按照应急物流系统要素构建应急物流技术体系

应急物流系统是由物流各要素所组成的、要素之间存在有机联系。其中，既需要设施、设备、物资等硬件要素，也离不开人员、组织、法规标准、信息等非硬件要素。按此思路，应急物流技术也可分为硬件技术、组织管理技术、信息技术、综合型技术，由此构建应急物流技术体系。

硬件技术。硬件技术是应急物流系统运行的基础条件，它包括物流站场，物流中心、仓库，物流线路，公路、铁路、港口、起重设备、投送设备、运输设备、特种车辆等设施设备工程技术，是应急物流系统的硬件支撑条件。

组织管理技术。组织管理技术起着连接、调运、运筹、协调、指挥其他各要素以保障应急物流系统目标实现的作用。它包括动员技术、多式联运技术等，是应急物流系统的软件支撑要素。

信息技术。信息技术是指掌握和传递信息的技术，根据所需信息水平不同，可分为自动标识技术、安全监控技术等。

综合型技术。综合型技术是组织管理技术、硬件技术以及信息技术的综合体，如精准投送技术、应急物流节点快速通过技术等。这些技术以硬件技术为依托，综合应用了组织管理技术和信息技术。

二、应急物流关键技术应用

在众多应急物流技术中，应急物流领域专用的关键技术是需要重点关注的，它是建设针对性强的应急物流设施设备的技术支撑。

（一）应急物流模块预储技术

在应急物资储备管理中，运用模块化设计方法，对应急物资的基本用途、储存要求、搭配关系、配比数量等要素进行聚类分析，将原本分类储存的物资按照相对独立的功能单元进行组套包装和组盘集装，形成一定规格标准的应急物资集装体，并进行清晰标识，优化调整货位，编排进出库顺序。特别是要采集应急物资的品种、数量、质量以及集装体的长、宽、高等外形尺寸和整体重量等有关数据，根据载运工具的型号性能参数（如载重量、容积量、舱门尺寸等），利用专家辅助决策系统生成若干个性化的装载（配载）方案。当启动应急预案时，选择适当的装载（配载）方案，按照预定的顺序快速出库，投入短倒、装载等后续作业流程。对于某些特殊的应急物资，在特定的时机下可以将预储的应急物资提前调配存放在停机坪、货站等装载点，或者装入集装箱（板）后与适当的载运工具结合，甚至直接投放到可能发生突发事件的地区，进行有目的的预置，以达到一声令下、立即出动的目的。这种"静中求动"的策略能够将后续作业流程和作业内容适度前移，有效地减少传统储存方法下应急物资在出库前紧急分拣组套，或者配送分发时进行组套所产生的作业量和作业时间，这不仅能够大大缩短出库时间，增强反应速度，还能确保应急情况下配送分发作业的有序进行，有效提高作业效率，降低发货误差。通常，集装预储的有食品给养、被装物资、宿营器材、医药器械、通信设备器材等专业化模块，有地震灾害救援模块、洪水灾害救援模块、森林火灾救援模块等任务化模块，以及不同保障规模的基数化模块。当然，模块预储技术并不特指某一单项技术，而是对现有多种仓储相关技术的综合集成，包括集装箱（板、网、袋）技术、托盘技术、货架技术、捆扎技术、自动化立体仓库技术、库存管理优化技术以及相关的信息技术、管理技术等。模块预储往往成本较高，维护管理、轮换更新难度大，特别是对于一些储存要求不同的应急物资，还很难做到模块化组合集装储存。因此，需要妥善而慎重地选择组套集装的时机，可以考虑利用突发事件的征兆期和预警期，进行模块化集装的突击作业，以实现出库环节作业效率的最大化。

（二）应急物流高效转运技术

应急物流高效转运技术是在应急物流各个环节和同一环节不同活动中，采用统筹规划、系统设计，综合集成叉车、牵引车、搬运车、吊运车、输送机、货运车尾板、升降月台、捆绑加固器材等设施设备和技术装备，有效利用机械化、自动化手段，提高效率、加快速度、缩短时间，实现作业路径最短、流程连续快捷和衔接高效可靠。高效转运的理想模式是从物资集散场所到装卸载站点，规划设计连续的输送机制和机构，使物资能够连续、高速地装卸载。只要因地制宜，运用高效化衔接转运技术的原理和思想方法，优化整合机械化、自动化技术手段和管理技术，就能够实现高效、快捷、可靠的转运，有效衔接应急物流各个环节。尽管高效转运技术能够实现较高的作业效率，但这往往是以超出常规的投入为代价的。而且，物流作业过多使用先进技术手段，也可能降低可靠性。为此，物流界就提出了"充分机械化、适度自动化、高度信息化"的发展思路，这也是为了有效减少对先进物流技术的简单依赖而采取的策略。

（三）应急物流高速运输技术

应急物流高速运输技术是利用包括现有的公路、铁路、航空、水路、管道等各种运输方式所采用的交通运输装备技术。其主要目的就是有效克服空间障碍，在第一时间里将应急物资运达目标地域。突发事件应急情境下，应急物流所采用的高速运输方式主要是公路运输。这是因为公路运输非常便捷，能够实现门到门的服务保障。因此，高速的集装箱车、能够克服复杂地形环境的全地形运输车等，都是首选的公路运输装备。在特殊情况下应急物资也可以采用航空运输，但航空运输对机场保障要求高，往往使用受限，不过运输直升机由于具备垂直起降和悬停能力，对于应急物资的紧急调运具有积极的意义。铁路运输可以满足大批量应急物资调运的需求，具有很好的效益，在实践中运用较多。高速运输技术是高速运输车技术、重型直升机技术、高速海运船技术、高速货运列车技术、全地形运输车技术等技术项目的技术群。

（四）应急物流精确分发技术

精确分发主要针对应急物流"最后一公里"甚至"最后一百米"的末端环节，对应急物流活动的实时感知和精确调控，有助于实现应急物资分发配送的适时、适地、适量。应急物流的内涵就是"以正确的数量、顺序、地点与时间将救援物资运达目的地的行为"，应急物流中的救援物资需求直接关系救援物资配送的总量，但是救援物资需求的预测在时间、地点、品种、规模等方面不可能精确。实际上，精确分发技术在应急物流保障的实践中总是面临相当数量的不确定因素，如道路的突然中断、需求信息不能及时准确获取等，这就往往导致了技术运用的难度增加、效果减弱。应当说，应急物流中的物资需求预测具有非常重要的现实意义。对历史数据和类似情境进行研究分析，并结合对现实环境和条件的研判，就可以发现其中存在的规律，从而能够对应急物资需求的数量、结构、品种、时间等做出预测。当然，有时候这种预测的准确度还较低，有一个即使有所偏差的需求预测，也强似不做预测。要做到应急物流的精确分发，就必须重视速度管理特别是在途管理，以速度来弥补数量上的"不足"，以有效管理下的动态的物资流来取代相对固定的库存物资，以物流的速度效率来取代数量规模，也就是利用"配送管道"构建"仓储渠道"。应急物流的精确分发，还需要着重对应急物资的配送路线进行合理规划、科学优化和动态调整。常用的基本理论和方法有最短路算法、线性规划法、动态规划法、线搜索技术、概率分析、经验分析等。精确分发技术是一个包括物资需求预测技术、应急物资集配技术、配送路线规划技术、路线动态调整技术等技术项目在内的技术群。

（五）应急物流实时调控技术

实践证明，信息技术在突发事件应急体系中始终发挥着"倍增器"和"黏合剂"作用，能够有效提高应急响应速度。实时调控技术需要体现立体、全维、联动的特点，积极采取多种沟通联络手段，切实增强容灾备份冗余能力，兼顾必要的安全保密能力，提供强大的辅助决策功能，确保突发事件应急物流响应及时、信息通畅、决策科学。实时调控技术在现有的条码技术、无线射频识别技术等物流信息管控技术基础上，综合集成物联网技术、地理信息系统技术、卫星遥感通信技术、全球定位导航技术、智能交通技术、数据挖掘技术、信息资源整合技术等，围绕应急需求信息的及时获取、海量信息资源的充分整合和在途物资信息的有效感知三个内容，依托互联网、有线通信网、无线通信网和卫星通信网，形成一个立体的突发事件应急物流供应链物联网，力求消除信息"迷雾"，达到需求可知、资源可视、全程可控的目的。首先是应急需求信息的及时获取。依靠卫星遥感技术，辅之以灾害信息员机制，及时获取事发地区应急物资需求信息，参照同类型突发事件应急物流历史数据和消耗规律，预判应急物流资源需求情况，包括应急物资的品种和数量、集散地设施设备和技术装备、载运工具类型和数量等。其次是海量信息资源的充分整合。在收集掌握社会应急物流资源信息的基础上，动态了解应急生产、应急采购、应急运输等保障能力，并根据需求情况，有效整合信息资源，消除异网异构障碍，对海量的数据进行充分挖掘融合，将积累的数据及时转化为可直接利用的知识，综合呈现、动态更新应急物流资源分布态势。最后是在途物资信息的有效感知。运用北斗定位导航技术和先进通信技术，根据应急物流的需要，调整优化军事运输动态监控系统，实时感知在途物资信息；并实现指挥调度人员对单个载运工具点对点的信息互动，确保实时调度信息的精确传递，为应急物流指挥决策提供信息支撑。

（六）应急物流关键技术发展展望

随着新的技术手段出现，应急物流技术体系必将得到进一步创新发展和充实完善。当前，物联网、云计算、大数据等新一代信息技术在应急物资信息的实时感知、智能决策等方面具有无可比拟的优势。它能够有效解决现有物流信息系统与应急物资之间存在的信息"鸿沟"问题，实现物流全系统全过程的可视化管理，实现各个物流作业环节的无缝衔接，全面满足应急物流实时可视可控、精确投送等多种需求，为应急物流向更高层次发展提供了坚实的信息技术基础。特别是物联网作为一种新兴的技术，将给人类的生产、生活带来革命性的改变。由于物联网在应急物资信息的实时感知、快速传递等方面具有无可比拟的优势，它能够全面满足应急物流实时可视可控、精确投送等多种需求，应将其全面推广应用到应急物流建设中。可以预见，基于物联网技术的应急物流建设方案将很快出台并应用于实践，在最大限度上提升应急物流运作的时间速度和应急物流建设的质量效益。此外，太空开发技术的飞速发展，也将为应急物流拓展新的运作空间，带来全新的发展思路。

在以上各类技术全面发展的基础上，需要积极推动应急物流技术的体系化、标准化发展，集中统一组织应急物流关键技术的研发，以研发促使各个单项技术充分发挥出"1+1>2"的效果，产生明显的"倍增"效益，为应急物流提供强有力的物质技术基础，切实增强应急物流保障的质量效益。加快推动应急物流技术的发展，需要坚持集成创新，充分发挥现代物流具备的系统集成的优势特点，有效整合利用现有的物流技术手段，探索实现从注重要素建设向注重体系建设转变，构建系统配套、结构合理的应急物流技术体系，为提高应急物流作业效率提供坚实的物质基础和可靠的技术支持。需要强调的是，应急物流技术体系具有明显的开放性，随着新的技术手段出现，应急物流技术体系必将得到进一步创新发展和充实完善。

第二节　应急物流设施设备建设

当前，我国应急物流设施设备建设需在顶层加强规划论证，并重点推进应急物流运输、仓储、信息等设施设备的建设。

一、应急物流设施设备建设原则

应急物流设施设备建设不仅是应急物流体系的一个子系统，同时也是整个物流系统的子系统。它既要达到应急物流对于设施设备的系统性要求，又要满足常态物流设施设备的衔接配套及长远发展。因此，进行应急物流设施设备建设不仅要考虑到其作为子系统的完备性，即能够涵盖设施布局、系统布置、装卸工艺、设备型号、业务流程等物流设置和环节，达到提高设施设备间的相互协调性以及匹配程度，保持统一标准，提高各环节衔接能力的目标；还要考虑其与常态物流的接口设置，实现设施设备端的"平急结合"。同时，应急物流设施设备建设属于一次性投资较大的固定投资项目，且由于项目对象的不可知性（突发事件的不可知性），存在风险较大、成本较高的情况，故在建设规划中，要充分结合当下物流设备技术的现状及发展方向，兼顾一定的前瞻性，为应急物流设施设备的长远发展留足空间，确保应急物流设施设备建设的可持续性。

另外，应急物流设施设备建设应当在满足其主要功能的前提下，确立经济适用的原则，尽量减少重复、非必要、效益较低的成本占用，尽可能少地"另起炉灶"，充分发挥现有设施设备的便利条件和效能，选用性价比较高的设备，减少不必要的开支。完善应急物流设施规划布局，论证设计应急物流装备设备发展路线图，健全堆场库房建设标准和后评价机制，严禁随意变更应急物流备用场所和应急物流基础设施的使用性质。

二、应急物流运输设施设备建设

在对常规物流装备进行"挖潜"的基础上，加大应急物流运输设施设备装备关键技术攻关力度，研究论证配备（储备）应急物流运输装备。一方面，论证配备实用的便捷化应急物流装备。由当地政府或其他主管部门结合本地实际情况，将那些经过当地人民群众生产生活实践检验的，便于容纳有关必需品的箱、篓、包、囊、袋、架等容器或托盘，甚至一些人力、畜力或自然力操作的器具，均按照一定的标准规范纳入应用范畴；将内燃机车、无线单边带电台等技术含量不高，但在恶劣环境下可靠、有效的所谓低端物流装备和非常规应急物流装备也纳入应用范畴，以确保恶劣环境下的应急配送及时有效。另一方面，发展技术先进、性能可靠的尖端物流装备。例如，高性能大吨位集装箱运输车辆、冷链运输车、全地形运输车、野战叉车、高速海运船、重型运输直升机、气垫船、水陆两栖运输装备以及先进的空投托盘、组合式简易直升机停机坪等配套装备器材。特别是我国的垂直投送装备的发展相对滞后，无论数量上还是质量上均不能满足应对突发公共事件应急物流的需要，应论证立项"大直升机"科研生产工程，提升我国直升机的重载能力，从而形成系列化的垂直投送装备体系。积极研制先进适用装备，加快研制适用于高海拔、特殊地形、原始林区等极端恶劣环境的智能化、实用化、轻量化专用应急物流装备。鼓励和支持先进安全技术装备在应急物流专业保障领域的推广应用。着力推动一批关键技术装备的统型统配、认证认可、成果转化和示范应用。加快航空、船舶、兵器等军工技术装备向应急物流领域转移转化。应急保障的装备，应本着立足现实、着眼发展的原则，装备各种适应能力强、技术含量高的运输车辆、无人直升机、智能化修理车等装备设备。发展公路大型、专用、低能耗、利于环保的车辆，提高应急物资运输的效率与效益，积极发展各种运输方式多式联运、快运、零担、集装箱运输等，提高运输的可靠性和效率。

充分发挥我国现代物流设施优势，为应急运输提供接收、中转、配送等物流服务。提升高原地区等复杂条件下应急运输协同保障能力。加大港口、码头和机场应急物流场站的面积，提高其吞吐量，认真计划和建设应急物流中心，扩大其覆盖面；支持一批优质工程示范园区、应急配送中心、物流园区改造升级应急配套设施设备；完善集装箱装卸设施和冷链配送功能，提升应急物流信息化水平，提高应急物流效率和配送能力，努力提高应对各种突发事件的物资应急能力。

三、应急物流仓储设施设备建设

积极对接国家物流枢纽布局和建设规划，完善辖区内应急物流网络，大幅提升应急物流仓储设施设备研发投入力度；加大应急物资仓储中一线仓库各种硬件设备的投入，对托盘、叉车、货架等设备的技术性改造，提高应急物资的物流活性；对仓库的整体硬件设备进行信息化升级，提高自动化水平；增强应急物资的统计、收发的信息能力，提高应急物资仓库设施设备的整体利用率。积极按照应急物流的发展特点和要求，提高作为应急物流组织节点的基础设施的信息化水平。大力推广 RFID、电子标签等新技术新产品在物资储备中的应用。

推进仓储活性建设，促进保障效能跃升。推进仓储末端设施设备的升级改造，应用智能化物流技术装备提升仓储、分拣、包装等的效率，促进机器人影像识别拣选、高密度存储机械臂拣选、语音拣选等技术及无人高位叉车、拣选 AGV、分拨 AGV、自动封箱机、码垛机器人在仓储领域的多模式应用，提高储备环节运行效率及安全水平。运用北斗导航定位系统、地理位置信息系统、物联传感系统等加强应急物资储备的活性建设，发展模块化集装预储、快进快出高效仓储、应急物资联合储备、密集货位智能优化等技术，实现应急物资保障模式的转变和保障效能的跃升。

强化智能平台建设，重塑仓储业务流程。借鉴京东物流"亚洲一号"、菜鸟网络无人仓等的探索实践，推动建设智能化立体仓库，建立深度感知智能仓储系统，实现仓储运行的智能感知、智能决策和智能执行。鼓励对传统库房的智能化改造，提高平面库的仓储管理水平和收发作业效率；推动仓储设施从传统结构向网格结构升级，从单个系统转变为平台体系；创新资源组织方式，促进线上线下融合发展。在各级仓储单元推广应用物联网感知与大数据技术，完成仓储设施与货物的实时跟踪、网络化管理以及库存信息的高度共享，实现资源智能调度和全程可视可控。

四、应急物流信息设施设备建设

应急物流信息设施设备是指用于应急物流需求感知、传递、分析、汇总、反馈的信息网络系统所依托的设施设备，相当于应急物流体系的神经系统。从软件和硬件两个方面入手，增强应急物流信息管理能力，提高应急物流指挥决策的及时性、有效性和科学性；加强应急物流信息设施设备核心技术攻关，研发质量优良、适应需求的新产品，推动应急物流信息基础设施智能化、标准化、系列化、成套化；健全应急物流信息设施设备产业链，优化生产企业布局，培养一批优秀应急信息设施设备供应企业。

加强应急物资保障信息基础设施作用，支撑实现可视化、一体化的指挥决策。加快建设统一的应急物流指挥中心，完善应急保障信息系统，实现各级管理平台、企业平台、物流系统互联互通、"一张网"运行。积极融入地方物流相关管理平台，推动气象水文、监测预警、救援力量、装备调配、物资储运、指挥调度、信息发布等数据信息整合，统一应急物资需求、生产、储存、运输和调拨等信息的标准化表达形式，促进多主体、多层次、全流程的信息互联互通，实现品种、运距、数量等辅助决策数据自动推送。

加强各级应急物资存储场地的信息化、网络化、自动化建设，提升基础设施在线化、应急物资存储效率和智能化监管水平。对储备物资基本信息进行统一分类和编码，推动应用二维码、智能芯片、区块链等技术，实现对应急物资保障的全过程留痕、监督追溯和动态掌控。发挥综合应急调度作用，在应急状态下实现重要物资统一调度、重大信息统一发布、关键指令实时下达、多级组织协同联动、发展趋势科学预判，提高应急保障信息化、智能化水平，提升应急保障效能。

加速推动大数据、人工智能、云计算等新技术与应急物流保障体系深度融合，加快先进前沿技术在应急物流信息设施设备中的运用，提高建设质量效益。加快卫星遥感、雷达监测、物联网、云计算、大数据、人工智能、5G等高科技应急物流信息设施设备建设和深度集成应用，加快落后工艺、技术、装备和产能淘汰，大幅提升应急物流风险管控、监测预警、监管执法、辅助指挥决策、救援实战和社会动员等能力，提高应急物流保障的科学化、专业化、智能化、精细化水平。

第三节　应急物流设施设备管理

工欲善其事，必先利其器。加强应急物流设施设备管理，提高应急物流设施设备管理的科学化、正规化、信息化水平，既是应急物流体系建设的重要内容，也是提高应急物流作业效率、增强应急物资保障能力的前提。

一、加强科学高效体系化管理

当前，应急物流活动中还存在人搬肩扛、手工录入的情况，总体应急物流设施设备管理信息化和现代化水平参差不齐，仍存在物流装备配备不足、系统配套率低、体系化效能发挥不明显等问题。特别是装卸、码垛、起重、信息识读、信息管理和安全监控等物流装备和设施设备普及率不够，应从应急物流建设全局的高度谋划物流装备和设施设备建设。首先，要搞好顶层规划设计。立足现有基础，充分调查研究应急物流装备和设施设备的建设层次、标准要求，按照系统配套、结构合理、有效衔接的原则，科学确定物流装备和设施设备的数量、品种和规模，确保其既能够"新老衔接"，又能够满足现代化应急物流保障要求，实现科学化、高效化、精细化管理和运行。其次，要加大资金投入。对应急物流装备和设施设备建设给予高度关注，并加大其资金的投入。按照需求和标准进行市场采购，以加大应急物流机械化、信息化装备和设施设备的配备力度，对不适应现代化应急物流要求的基础设施、作业平台等进行改造或扩建，确保物流装备和设施设备的科学配套、高效利用。

二、推进标准规范法治化管理

必须将应急物流装备从研发、生产、配备到使用、维护和管理全过程都纳入法治化轨道。首先，规范物流装备和设施设备的标准。应以国家和军队物流标准为基本准则，确保军地物流装备和设施设备在运行中的无缝衔接和同步建设。例如，包装装备应严格按 GJB 182B—2013《军用物资直方体运输包装尺寸系列》、GJB 2948—97《运输装载尺寸与重量限值》等国家军用标准执行。其次，制定应急筹措实施细则。需对应急状态下物流装备和设施设备的应急筹措预案进行细化完善，并制定筹措实施细则，确保应急物流运行的各个环节都有法可依、有章可循。例如，对研制、生产单位的技术资质、保密资质等进行审核，明确具体采购程序和监督管理办法；制定详细的动员征用预案，建立及时高效的响应机制，确保应急状态下的紧急征用。

三、注重设施设备信息化管理

当前，物流技术突飞猛进，尤其是地方物流企业已将新技术全面应用于物流装备和设施设备中。它们运用物联网、大数据等信息技术和理念对物流装备、设施设备进行了升级改造，大幅提升了物流的运作效率和服务水平。应急物流建设应追踪物流前沿技术，对现有的物流装备和设施设备进行信息化升级改造，注重运用新材料技术、自动化控制技术和人工智能技术等提升应急物流保障效率和效益。为此，应做到以下几点。

一是增设物流信息网络基础设施。加强应急物流通信网络建设，组建"空天地"一体化的应急物流通信网络、指挥网，建设公专互补、宽窄融合、固移结合的无线通信网与广域覆盖、随遇接入、资源集成的应急卫星通信网。增设无线传输设备、末端光缆等，充分利用无线传感网、移动通信技术进行物流信息的实时传输和现场需求的信息反馈。提升对设施设备的信息化管控，实现人与人、物与物、人与物之间物流信息的全面联通。

二是配齐物流网络硬件设备。在各级物流枢纽配齐交换机、光端机、服务器、网络存储等硬件设备，利用虚拟化平台，集中管理和使用服务器资源。依据需求拓展带宽，满足应急物流各类业务对骨干网络带宽的需求。应用军用 CDMA、北斗卫星、传感网等无线通信手段，为机动保障单元远程接入提供安全信道。同时，部署网络视频监控、WAPI 网关、监控管理等硬件设备，提高应急物流管理科技信息化、网络化水平，实现物资配送过程信息的实时采集与全程监控。

三是加大物联感知装备配备。加快推进应急物流感知监测预警系统的全覆盖和智能化，广泛部署智能化、网络化、集成化、微型化感知终端，充分利用物联网、工业互联网、遥感、视频识别、第五代移动通信（5G）等技术提高应急物流监测感知能力。推动自然资源、物流、交通、卫生、水利、农业、林草、气象、地震等部门的灾害预报和监测预警信息共享，建立面向全场景的应急物流感知网络。加大对条码设备、无线射频识别系统等感知装备的普及，实现应急物资信息的实时采集和处理。同时，加强对物资的集装化、托盘化储存改造，为物流感知装备的应用创造有利条件。通过信息化全面渗透，应急物流的运行实行全国联网或省区市范围内区域联网，实现对应急物流全流程的可视化管理和信息化管理。

四是建设应急物流信息平台。建设全过程管理、全生命周期应急物流大数据标准规范体系和安全运行保障体系，对接国家应急物流大数据应用平台，提升海量数据存储汇聚、分析关联、共享开放的大数据资源服务能力。建设面向监督管理、监测预警、物流指挥、决策支持和保障管理五大业务领域应急物流信息应用体系，全面推进"互联网+应急"。搭建城乡应急物流监测预警公共信息平台，提高城乡重大风险防控与突发事件处置和物流信息共享能力。建设绿色节能型高密度数据中心，推进应急物流云计算平台建设，完善多数据中心统一调度和重要业务应急物流保障功能，推动跨部门、跨层级、跨区域的互联互通、信息共享和业务协同。

第七章　应急物流网络信息建设

2020 年 2 月 14 日，习近平总书记在主持召开中央全面深化改革委员会第十二次会议时强调，要鼓励运用大数据、人工智能、云计算等数字技术，在疫情监测分析、病毒溯源、防控救治、资源调配等方面更好发挥支撑作用。积极利用信息化技术和手段，加强应急物流网络信息建设，对于完善应急物流体系、提高应急物资保障能力具有重要意义。

第一节　应急物流数据建设

应急物流正在经历向数字化全面转型的历史阶段。必须树立以数据为驱动构建应急物流体系的理念，加强应急物流数据建设。

一、应急物流数据规划

数据既是一种重要的生产资料，又是一种管理工具。大数据时代，应急物流体系的数据化建设，应当涵盖物资储备、物资转运、物资配送等全链条的数据化，实现以数据为核心的高效物资储备、迅捷应急响应、强健的韧性和弹性。加强应急物流数据建设的关键在于对自上而下的应急物流数据进行顶层设计规划。

顶层规划需要考虑系统的整体架构、数据流、安全性、可扩展性等方面。为此，一是要强化系统整合规划，要考虑应急物流系统与其他系统（如政务一体化指挥平台、仓储系统、供应链管理系统、ERP系统等）的集成，确保数据在不同系统之间的顺畅传递，以提高整体效率和准确性。二是要强化数据标准化和一致性，制定并推行一致的数据标准，确保所有涉及物流的系统和部门使用相同的数据格式和定义，避免信息不一致和错误。三是要强化实时性和可追溯性，确保物流系统能够提供实时的数据更新，以便实时监控货物的位置和状态。同时，建立可追溯性机制，以便在需要时追溯物流链上的任何环节。四是要强化安全性和隐私保护，设计并实施安全措施，以确保数据在传输和存储过程中的安全性。同时，遵循相关法规和标准，保护客户和业务敏感信息的隐私。五是要强化技术基础设施规划，确定适当的硬件和软件基础设施，以支持物流系统的高效运行。同时，考虑云计算、物联网等技术的应用，以提高系统的灵活性和可扩展性。

二、应急物资编目建设

编目系统就是标准化的"一物一名一码一串属性描述数据"的信息环境。物资编目系统集法规、标准、物资编目平台等于一体，可为各级、各部门提供信息服务的综合环境，是谋取信息优势的基石。因为物资编目系统建设涉及物资品种多、更新维护任务重、耗费经费数额大，所以应急物资编目系统的开发应该借鉴军用物资编目的成熟经验，根据我国实际情况稳步推进。

应急物资编目建设应当重点把握以下四个问题：一是将应急物资按照种类、用途、特性等进行分类，包括食品、被服、医疗物资、通信设备、救援工具等，确保每一类物资都有明确的标准和定义。二是构建标准编码体系，确保每一种物资都能够被唯一标识，避免物资混杂，提高物资调配的准确性。三是建立详细的物资属性信息，包括物资名称、规格、生产厂家、存放地点、有效期等，并使用信息化管理系统对物资编目进行管理，以提高效率、减少错误，同时优化应急物资的管理、检查和更新。四是构建维护机制，定期更新，确保编目信息的准确性和实时性，并对物资编目系统的使用者进行培训，确保相关人员了解物资编目的操作流程和系统功能，确保编目系统在应急状态下的效能发挥。随着未来应急产业的发展壮大，应急物资编目可以根据应急物流服务保障的需要，及时进行内容拓展，从而形成一套与国家物资编目最大兼容的应急物资命名及编码规则、属性数据元词典等，确立符合实际需要的应急物资属性描述集，加快建成一个基于 B/S 模式的网络化应急物资编目系统。

三、动态更新应急数据

在应急物流保障中，信息的时效性非常重要。如果依据失真、过时的信息进行指挥调度，将无法完成应急物流保障任务，甚至会造成恶劣影响和严重后果。应急物流信息资源整合的一个重要条件，就是要及时掌握第一手准确的数据信息，构建应急物流保障资源数据库，动态绘制国家应急物流保障资源分布图。为此，应当强化社会责任，配合行政手段和利益导向，督促应急物流相关企业按照相关标准规范，定期上报应急物流资源的数据信息；应急物流中心应按照网络同步上传的形式，实时提取平时生产经营的有关数据信息；应对政府相关业务部门掌握的应急物流相关数据库进行实时的引接，使数据能够在应急物流信息平台上动态呈现。例如，可利用物联网技术、传感器等实时监测设备，并积极部署自动化数据采集系统，实时自动获取物流环节中的物资位置、温湿度、状态等关键信息，并传输到中央数据库。与此同时，还可将外部数据源，如天气预报、交通状况、供应商信息等集成到物流系统中，更好地应对突发情况并优化物流计划。在此基础上，还可利用云计算及实时通信工具，将应急物流数据存储在云平台上，实现分布式存储和管理。同时，使用实时通信工具，如即时消息、通知系统等，以便在发生突发事件时及时通知相关人员，确保各个物流环节都能够获取最新的数据。

此外，我国防灾减灾体系建设中，探索建立了灾害信息员机制，每个城乡基层社区至少有 1 名灾害信息员。灾害信息员能够及时收集当地的灾害信息，为国家减灾决策汇总提供第一手的信息资料。应急物流服务保障可以尝试借助灾害信息员队伍的力量，在发生突发事件时能及时收集应急物资的需求信息。

四、深度挖掘信息融合

未经整理提炼的数据信息不能准确有效表达应急物流的实时状况，庞杂的海量数据和庞大的数据库还会使应急物流指挥决策人员无所适从，他们需要付出大量的时间成本和人力成本进行认知，难以对应急物流服务保障活动形成准确的定性认识，因而不能为应急物流调控指挥提供有效的数据支持。为此，需要采取关联分析、分类分析、聚类、钻取、切片等技术手段，对信息资源进行整理加工、融合判断和深度挖掘，从大量的应急物流相关信息中抽取有序化的数据和隐含的、未知的、潜在的、有价值的信息和规则，再提炼和归纳形成结论性的知识，成为指挥决策人员能够直接认知和参考使用的信息；在较短时间内将各种信息融合在一起，排除虚假信息和不确定因素，向应急物流指挥决策人员提供高度浓缩的知识型信息，综合呈现应急物流服务保障实时态势。

应急物流数据深度挖掘和融合分析的首要任务就是要明确分析目标，这既包括优化物流效率、提高应急响应能力，又包括降低成本等目标，深度挖掘信息融合有助于指导后续的分析工作，并据此开展数据整合、数据分析、数据可视化和系统的持续改进。

应急物流数据深度挖掘和融合分析的基础是数据整合，这既包括多源异构数据的整合，又包括数据库的建立。多源异构数据整合是将实时监测数据、历史数据、外部环境数据等不同来源、不同类型的应急物流数据进行整合，为应急物流系统提供更为全面的视角，以便更好地理解应急物流系统的运行状况。数据库的建立是以多源异构数据整合为基础，构建一个统一的数据湖或数据仓库，以容纳和管理大量的应急物流数据，以便进行方便快速的数据检索和分析。

应急物流数据深度挖掘和融合分析的核心是数据分析。数据分析可以使用先进的数据分析技术，如机器学习、人工智能、数据挖掘等，对数据进行深入挖掘。例如，利用机器学习算法预测需求、优化路线规划、识别潜在风险等。同时利用实时数据流分析技术，对物流过程中的数、质、时、空等实时数据进行快速分析和处理，及时发现和应对突发状况，进一步优化运输路径、调整库存策略，并提高应急响应速度。数据分析的重要一环是异常检测，利用异常检测算法，识别物流系统中的异常情况，包括异常的库存水平、交通阻塞、供应链中断等，及早发现异常可以降低潜在风险。

应急物流数据深度挖掘和融合分析的呈现手段有助于实现数据可视化。使用可视化工具展现分析结果，可以更直观地理解数据。可视化能帮助应急物流决策者快速理解复杂的应急物流数据，从而更好地制订决策和行动计划。

应急物流数据深度挖掘和融合分析的最终目的是实现应急物流系统的持续改进。将数据分析的结果反馈到应急物流系统就能够实现其持续改进，改进内容包括优化运营策略、调整应急预案、改进数据采集流程等。

此外，在进行深度挖掘和融合分析时，务必重视数据安全和隐私保护，采用适当的加密和授权机制，确保敏感信息不被滥用。

五、建立应急物流数据库

以应急预案为主线，编制应急物流信息资源的目录体系，加快物品编码等基础信息的标准建设进度，建立基础性的应急物流信息资源数据库，建立并健全应急预案、应急政策法规信息数据库，逐步形成覆盖全国的信息网络、应急物资储备、应急物流专业队伍等各种资料的共享信息，实现跨地区的应急物流信息资源的交换与共享。

在平时，应急物流信息平台能够连通各级应急物流管理部门和各类保障单位，准确收集系统所需要的基础数据，并保证数据库不断得到补充和更新；在应急情况下，可以进行信息的共享查询，为应急情况下快速反应、辅助决策提供更多的参考依据。

针对有史料记载的各种自然灾害和事故灾难，制订相关应急资源和应急行动的整体计划、程序规范、相关保障方案和操作手册；在总结以往经验教训的基础上，充分考虑各种可能性，以科学性与可操作性为目标，对不同等级的应急物流预案进行信息化管理，并结合各种自然灾害和事故灾难的特殊性对应急物流预案不断修改和完善。

以气象信息、地质信息、动员力量、交通基础设施等基础数据为依据，提前分析预测突发事件发生时间及影响，如重大危险源预警管理和事故后果仿真预测等；对突发事件信息公告进行提前发布、提前预警，以便政府部门与公众提前采取相应措施，尽可能地缩小事件影响范围，降低事件影响程度。

第二节　应急物流信息网络条件建设

应急物流强调时效性，需要强大的网络技术手段作支撑。因此，要从固定网部署、机动网建设、自组网应用等方面进行集成创新和推广应用，以构建高效、可靠的应急物流网络条件，并进一步搭建应急物流公共信息平台，全面提升应急物流保障的能力和水平。

一、固定网部署

应急物流体系的固定网部署指的是要建立稳定、可靠的应急物流信息网络基础设施，确保在紧急情况下能够迅速、高效地进行物资调配和应急响应；它是应急物流信息网络条件的主体和基础。固定网部署必须基于社会现有信息网络体系，针对应急物流的特殊要求，对信息网络基础设施进行补点建设，对网络能力进行必要的升级，以及加强固定网维护等。固定网部署的要点如下。

一是网络基础设施补点建设。固定网部署应当依托现有光纤网络建设、有线宽带接入等进行，要在关键区域和节点之间铺设光纤网络，提供高速率的数据传输能力，确保应急物流信息的快速流通；同时在应急物资仓库、配送中心、重要交通枢纽等关键位置安装有线宽带接入点，确保这些节点网络连接的稳定性和高带宽，实现应急物流"信息高速公路"的搭建。同时还应当重视网络接入点（NAP）建设，即在城市或区域的多个战略位置建立网络接入点，以便不同的网络服务提供商（ISP）和数据中心能够高效地交换流量，实现应急数据的快速转换和多线运行，提高信息网络的韧性。

二是网络能力升级。应急物流体系的固定网应当针对应急信息流的高速、高效传输特点，进一步提升现有信息网络能力。首先，应在重要节点升级核心路由器和交换机，提高网络的处理能力和吞吐量，以应对大量应急物流数据的传输需求。其次，进行网络冗余设计，进一步提高应急物流网络的可靠性。采用冗余设计，如双路由、多链路等，确保在一条路径或设备发生故障时，其他路径能够立即接管数据传输任务，尤其是在自然灾害、事故灾难等突发事件条件下，多链路设计有利于实现数据传输的可靠性。最后，注重备份电源储备。应急物流网络需要持续稳定的电源供应，尤其要对自然灾害、事故灾难等突发事件高发频发地区部署不间断电源（UPS）和发电机等备份系统，以防电力中断影响网络运行。

三是固定网安全维护。应急物流固定网是国家应急物流能力的重要载体，其安全性事关国家安全和社会稳定。首先，应强化网络安全设施部署，在固定网络的关键节点部署防火墙、VPN（虚拟专用网络）等安全设施，保护数据传输的安全性和隐私性。其次，应强化监控和管理系统建设，实时监控网络状态，快速定位和解决网络故障，确保网络的稳定运行。再次，要采取必要的物理安全措施，如访问控制、视频监控等，保障网络硬件设施不受人为破坏或盗窃。最后，应制订定期的网络维护和测试计划，确保网络设备和连接处于最佳状态，随时准备应对紧急情况。

二、机动网建设

全球导航卫星系统（GNSS）、遥感（RS）、地理信息系统（GIS）、无线射频识别（RFID）、电子数据交换（EDI）等先进系统和技术，对提高应急物流保障效率具有关键的倍增作用，必将在应急物流中得到更加广泛的应用和发展。特别是拥有自主知识产权的北斗卫星导航定位产品必将为应急物流所信赖和普遍应用。应以北斗卫星导航系统（以下简称"北斗系统"）为基础加强机动网建设，整合应急物流链条。

一是北斗赋能构建应急物流绿色通道。2019年9月，中共中央、国务院印发《交通强国建设纲要》，提出打造绿色高效的现代物流系统，并明确推进北斗卫星导航系统应用，为应急物流发展营造了良好的政策空间。公路运输是历次应急物流保障的重要力量。新冠疫情防控期间，基于全国2600个北斗地基增强系统全天候、高稳定性运行，全国数十万台北斗终端投入物流保障共同抗击疫情。交通运输部通过全国道路货运车辆公共监管与服务平台入网的北斗车载终端，向600余万入网车辆持续推送相关信息，推荐道路行驶及运输服务信息。基于北斗系统，充分发挥平台优势，推进数据资源赋能专业化应急物流发展，为建立应急物资保障绿色通道提供良好的信息基础设施，确保运输线路畅通。

二是北斗助力搭建公路货运物流平台。京东物流依托北斗系统探索构建车货匹配平台"京驿货车"，整合调配现有优质运力资源，创新运力组织与运作方式，实现了运力匹配平台化、资源管理数字化与运输运行智能化。基于北斗系统，综合运用无线通信、地理信息系统、卫星遥感、物联网和现代物流配送规划等技术，构建公路货物运输物流平台。对应急物流设施装备进行精确定位和全程跟踪，实时掌握保障区域的保障进展情况和道路交通情况，建立跨平台及时沟通机制，打破运力资源壁垒，综合利用多种资源，优化物流组织模式。

三是北斗全面提升物流运输保障效率。为物流车辆和一线员工安装配备基于北斗的智能车载和手持终端，实现对物流过程、运载车辆、一线工作人员时空定位的全面管理等物流智能位置服务。物流运输车辆、物流智能终端、嵌入式物流节点等可承担分布式的移动云边缘计算，实现装备、人员、货源的高效精准供需匹配，减少了迂回、空驶运输和物流资源的闲置。

三、自组网应用

应急物流体系的自组网应用是指在紧急情况下，利用自组网技术建立临时性的通信网络，以实现物流信息的快速传递和协同操作。在突发事件发生后，传统的通信基础设施可能会遭到破坏，自组网能够快速搭建起一个临时的通信网络，确保现场指挥和控制的信息流畅传递。此外，由于自组网中的节点可以自由移动，网络拓扑结构随节点的移动而动态变化，这就使网络具有很高的灵活性和扩展性，这种特性可以帮助应急物流网络适应不断变化的环境和需求。

应急物流体系自组网建设应从自组网标准化建设、自组网自适应性提升、自组网与固定网协同发展三个方面加强投入，提升应急物流自组网络能力。

一是自组网标准化建设。选择具备自组网能力的节点设备，如支持 Ad hoc 网络、Mesh 网络等自组网协议的通信设备、传感器等，设备应尽可能满足标准化需求。应利用一系列标准化自组网节点设备拓展组合，构建形成覆盖范围广、拓展性强的自组网络，实现受灾地区的应急网络通联，为应急物流保障提供网络基础。同时，应合理配置通信频率和带宽，避免干扰和冲突，以提高通信效率。

二是自组网自适应性提升。受灾地区环境复杂多变，自组网应能够使用自适应的路由算法，根据环境的变化动态调整节点之间的连接方式，以优化通信路径。此外，还可结合不同的通信方式，包括无线局域网、蓝牙、RFID 等，以适应不同环境条件下的通信需求。

三是自组网与固定网协同发展。自组网可以与固定网集成，形成混合网络，以更好地支持各种应急物流场景。尤其在一般应急物流场景下，自组网传输效率、效益低于固定网，且存在维护难度大、数据安全风险高的问题。因此，在完成灾区信息传输的条件下，在适当区域完成自组网与固定网的有机衔接，实现自组网与应急物流信息平台的高效融合。

第三节　应急物流信息平台建设

建立应急物流信息平台，及时掌控突发事件信息和救灾物资需求，实时控制应急物流流向、流量、流速等，增强不同主体间的协同合作，可以有效提高应急物流保障的及时性和有效性。

一、研发应急物流指挥调度系统

应急物流指挥调度系统作为应急管理的一个子系统，是应急物流管理体系的神经中枢，亟待加大其建设力度。

应急物流指挥调度系统主要具备信息采集、辅助决策、预案管理、资源管理、数据维护等功能，对实现应急物流信息资源的实时动态共享，满足各级应急物流主管部门组织计划和指挥调度需要，意义重大。完善的应急物流指挥调度系统能够利用所采集的基础数据，结合实时获取的准确、可靠的灾害情况、物资储存和生产情况、运输资源情况等信息，通过对电子地图系统、配送管理系统、仓储中心管理系统、车辆管理系统、交通信息采集系统以及用户管理系统等信息数据的综合，并结合模型和算法库生成配载方案以及运输路线等方案，就能为应急机构和人员提供采购策略、仓储优化、调拨优化、配送优化等决策方法，从而提高了应急物资准备可靠性、指挥人员决策科学性、应急物流组织实施有效性、应急物流响应快速性和应急物流运作可执行性。

应急物流指挥调度系统以收集汇总的数据信息为基础，应用线性规划、决策树、不确定性分析、专家评估、打分对比等数学模型或其他方法手段实现辅助决策和预测功能，包括预案管理优化、模型选择、评估方案选优以及方案计划拟制等模块内容；运用运输管理系统（TMS）优化运输模式组合；应用地理信息系统（GIS）物流软件集成最短路径模型，结合北斗定位导航技术实现在途物资的跟踪并根据需要调整路线；与应急物流相关信息系统建立数据关联，构成各级各类组织机构纵横贯通、有机衔接的信息系统网络，接收并评估突发事件应急管理部门等提出的应急物流需求，向应急物流中心等单位下达指令，组织实施应急物流服务保障。

二、开发应急物流企业信息系统

应急生产、流通、运输和物流企业信息系统着重收集汇总和统计分析各种应急物流相关资源的数据信息。信息系统的工作包括对应急物流企业进行网上登记和注册审核，进行应急物流企业资质评估认证和目录管理；对应急物资及其仓储设施设备、装卸搬运和运输力量等应急物流相关资源的基础数据，采取实时动态采集和数据库引接的方式，全面收集汇总并按照一定规则进行分类处理；应用仓储管理系统（WMS）对预储的应急物资进行精确化的库存控制和 ABC 分类管理，充分利用市场流通渠道进行轮换更新，合理降低库存持有成本；对各企业的应急物流预案进行统一管理。

三、综合集成应急物流信息平台

按照一体化设计、平台化开发、构件化集成、系统化执行的开发策略，将上述各个功能模块进行综合集成，逐步构建上下贯通、无缝衔接的应急物流信息平台。在应急物流保障资源数据库的基础上，运用虚拟现实技术原理，在全国版图上动态呈现应急物资分布及需求、运输配送力量供需、交通设施状况、天文气象等综合情况，采取人机交互模式，实现智能化、模型化的科学决策，满足应急物资高效调运的需要。依托现代移动通信和网络技术，建立应急物流信息发布和共享机制，向全社会推广普及应急物流信息服务。以应急物流信息平台为基础，运用系统集成手段，整合分散在有关应急模块中的应急物流信息资源，建立起上下贯通、左右衔接、军地一体的应急物流管理信息平台，分类反映地理信息、资源配置、物流通道、应急力量等翔实的综合信息，实现在应对突发事件过程中对不同单位各个级别应急物流资源信息的汇总与协调，统一调度指挥各种应急救援力量，形成合力，提高应急物流服务保障的效率和效益。

建立应急物流信息平台是对应急物资和应急物流相关资源实施集中、有效指挥调度的基础。目前，尽管国家非常重视并不断加大对应急平台①的建设力度，但是这个平台更多考虑的是应急所需的物资资源，而不是从应急物流的角度进行设计。此外，由于物流公共信息平台尚未建立起来，物流资源数据的实时性和真实性难以得到保证。

提供完善的应急物流信息只是物流信息平台的基本功能，信息平台更主要的是要参与应急物流的决策。物流信息平台的终极目标就是在收集与整理物流信息后，利用标准的信息进行分析，建立合理的物流运作模型，并结合物流运作的原理，制定切实可行的物流运作方案，为物流决策提供支持，同时也可以优化物流流程和日常管理，提高应急物流的保障效率。

为此，构建具有应急物流指挥调度功能的物流信息平台，既是对国家应急平台的有益补充，也是物流行业健康发展的重要基础。在建设过程中，应着重把握以下三点：一是应急物流信息平台的定位。这个信息平台，平时作为现代物流信息平台的有机组成部分，为社会经济发展建设服务；应急时则既可作为应急物流指挥调度平台独立运

---

① 据报道，国家应急平台包括各省、地、县的应急平台，部门应急平台，军队应急平台等，还包括硬件系统、指挥调度、数字预案、预测预警、应急保障、智能方案、应急指挥、应急演练、应急评估系统等。（见《北京青年报》2008 年 12 月 15 日 A2 版《国家应急平台设计标准公布》）

行，也可供应急管理体系统一调度指挥，由政府职能部门在平台上发布指令信息，调度应急物流资源，为集中领导、分级响应、属地管理的纵向指挥调度体系和信息共享、分工协作的横向沟通协调体系提供坚强的信息保障，全面、有效、可靠地满足应急管理的需要。二是与国家应急平台的关系。利用数据库共享等技术手段，为应急管理平台提供准确、实时的物流信息，便于政府主管职能部门科学决策；也可作为独立的指挥调度平台，为应急物流系统高效运作提供支持。三是应急物流信息平台的建设模式。应按照政府主导支持、市场运作经营的模式，由政府主管部门论证出台相应的政策措施和标准规范，以适当的减免手段鼓励和引导系统开发商、运营商按照市场价值规律运营和维护区域信息平台；发布标准、政策对应急物流公共信息平台的运作进行必要的约束和规范。待应急物流公共信息区域平台建设具备一定规模和能力后，由政府强势介入，集中扶持规模较大、信誉良好、资金雄厚的运营商，优化整合资源和服务为政府应急所用，或由政府出资购买，交予部分通过资质认证的应急物流企业进行集中的运营管理。建成适应国家应急管理需求，集信息采集、辅助决策、指挥调度等功能于一体的应急物流公共信息平台，统一呈现全社会应急物流资源信息。各地方政府主管部门应结合本地物流行业发展和信息化建设实际情况，在规划期内依托政务网或物流公共信息平台，搭建实用的应急物流公共信息平台，作为模块预留与当地应急管理平台的接口，并在现代物流公共信息平台的基础上培育应急物流信息服务网络。

第四节 推动新一代信息技术应用

大力推动物联网、大数据、云计算、区块链、无人智能化等新一代信息技术在应急物流领域的应用，将有利于应急物流需求侧、供给侧的高效协同，应急物流资源的集成调度，助力应急物流体系建设和保障能力提升。

一、物联网技术应用

作为一种日趋成熟的新一代信息技术，物联网技术在应急物资信息的实时感知、快速传递等方面具有无可比拟的优势，它能够全面满足应急物流实时可视可控、精确投送等多种需求。物联网技术在应急物流体系建设中的推广应用，将大幅提升应急物流运作的速度和应急物流建设的质量效益。

（一）克服"保障迷雾""信息孤岛""牛鞭效应"

在应急物资保障中，物资需求模糊、情况复杂多变和信息传递失真的情况会严重影响保障效率和效益。因此，必须加强物联网等新型基础设施建设，用好信息技术手段和网络化工具，强化应急物流态势感知，做好保障协同和风险预警。其中，全天候、全方位、多层面、全息感知的应急物流态势是应急物流体系健康运行的基础。应急物流态势感知是一种基于环境的动态地、整体地洞悉应急物流的能力，它是以应急大数据为基础，及时捕捉事物发展的走向，从全局视角对捕捉的信息进行数据汇总，为应急物流需求的发现识别、理解分析、响应处置提供数据依据。综合运用智能传感器、射频识别（RFID）、北斗卫星导航、条码、红外线感应器等各种传感技术和长短距离通信技术，自动实时获取产、储、运、转、供、补各环节的可靠信息，完成需求态势感知、多源信息融合和保障能力调配。

（二）完成物资快速补充、科学调拨和合理供应

依托"万物互连"物联网，实现应急物流物理世界与信息空间的实时交互，打通应急物流堵点、卡点，可以合理调整物资补给的优先顺序和流向流量，实施有序、快速和高效的物资调拨配发，以及远程操作和高效跟踪管控；这样就可以降低物流成本、劳动强度和物资损耗，提高流通速度、效率和效益。为此要关注以下几点。

一是实现应急物流的实时监控和追踪。在物资上安装传感器和标签，可以实时获取物资的位置、状态和温度等信息，了解物资的运输情况，及时发现问题并采取相应的措施，实现远程操作维护，减少人力资源浪费、降低劳动强度。

二是提高应急物流的效率和准确性。建立物联网平台，可将各个环节的信息进行整合和管理，实时了解物资的需求和供应情况，及时调整物流计划和调配方案。同时，物联网技术还可以实现智能调度和路径规划，优化物资的运输路线和时间安排。

三是降低应急物流的成本和损耗。传统的应急物流往往依赖于人工操作和纸质文档，这会造成信息不对称和效率低下的问题。而物联网技术可以通过自动化和智能化的方式来解决这些问题。

（三） 构建高效保障链路，实现物畅其流

基于物联网和北斗系统构建应急物流绿色通道和货运平台，畅通应急物资保障链路，优化运力调度，提升保障效能，实现高效可靠的运输配送，做到关键时刻调得出、用得上，确保物资保障有序有力，推动物资供应保障网更加安全高效可控。

在物流车辆上安装传感器，可以实时收集车辆的位置、速度、行驶路线等信息，从而实现对物流车辆的实时监控。将北斗系统与物联网技术相结合，实现对物流车辆的精确定位和导航，避免因路线选择不当导致的运输延误。还可对物流车辆的运行轨迹进行分析，发现运输过程中的瓶颈环节，从而采取有效措施进行优化。同时，对物流园区、仓库等关键节点部署物联网设备，可以实现对物流资源的精细化管理，提高应急物流效率；在突发事件场景下，还可以为部门和企业提供实时、准确的应急物流动态，有助于及时调整运力，确保物资保障的顺利进行。

此外，物联网和北斗系统可以为应急物流提供安全保障。实时监控物流车辆、仓库等关键节点，及时发现安全隐患，可以降低事故风险。同时，对运输过程的实时监控，还可以发现潜在的违规行为，从而确保应急物流的安全有序。

二、大数据+云计算技术应用

大数据和云计算等新一代信息技术在新冠疫情防控资源优化配置、保障医疗物资方面发挥了关键作用。新冠疫情发生初期，部分地区医疗物资短缺，陆续有医院通过社交平台对外发布短缺物资清单，

请求援助，但公布渠道较分散，不利于医疗机构统一监测等工作的展开，出现了重复捐赠、资源调配不均衡等问题。有关各方很快基于公开援助需求，主动通过爬取数据等方式建立资源对接平台，将一线医疗资源需求按照地区、医院、类别等层面分级分类呈现，明确了需求物资名称、供应数量、联系方式及查询信息等内容，切实有效地保障了资源调配的科学运转。

（一）加快应急物流供需匹配和数字化转型

依托物流大数据、物资保障云、资源物联网等信息基础设施，及时、精确、高效完成物流数据分析和供需精准对接，为应急物流的供需匹配、动态管理、科学决策提供技术支撑，实现应急物资的高效生产、统筹调配及回收管理任务。

在新冠疫情防控期间，数字化手段在物资调配中发挥显著作用，实现了资源有效对接。多家数字企业利用自身长期积累的渠道优势，在海外数十个国家迅速采购了上百吨急需的医用物资，为疫区提供援助。此外，数字企业提供的线上渠道也在协助调配社会资源中发挥了作用。例如：腾讯旗下各产品均开辟了"援助武汉"捐赠渠道，阿里巴巴旗下的物流平台"菜鸟"开通了援助疫区的"绿色通道"。京东承建了湖北省政府应急物资供应链管理平台等。

应急物流供需匹配数字化转型的关键在于利用数据分析和智能算法，完成供需智能匹配。首先，要收集和整合与应急物流相关的各种数据，建立起完整的数据集，并对其进行清洗和预处理，处理缺失值、异常值，为后续的分析提供可靠的基础。其次，利用智能算法和机器学习技术，对大数据进行分析，提取模式和规律，建立预测模型，根据实时的需求和供应情况进行智能匹配；建立实时响应机制，通过大数据实时监测系统，及时捕捉到需求和供应的变化，利用预测模型快速调整匹配方案，以适应动态的市场环境。最后，实现多个环节的协同工作，确保供需匹配的决策能够在整个应急物流过程中得到有效执行，并不断优化匹配算法和模型。根据实际运作中的经验反馈，提高系统的智能化水平，逐步完善应急物流供需匹配机制。

（二）建立应急物流风险预警和告警机制

以大数据赋能应急物流，对数据进行采集、预处理、加工、统计分析和运用，从大量、多样、繁杂、价值密度低和动态性的供需数据中提取有价值的信息，识别各类关联关系，建立风险预警和告警机制，提前开展供应链风险预警，防止出现盲目的产能畸形扩张，确保物流安全，降低物流成本，提高物流运输效率。

建立应急物流风险预警和告警机制是以数据分析和机制建立为核心的。选择合适的数据源，包括实时交通、气象、地理信息、供应链、库存和事件数据等，确保全面反映应急物流系统的各个方面，建立实时监测系统，利用物联网、传感器等技术实时采集各种数据，并运用大数据分析技术对实时和历史数据进行分析，识别潜在风险因素和异常情况，设定一系列风险指标和相应的阈值。当指标超过或达到设定的阈值时，触发预警机制。此外，设计多种预警模式，如即时预警、趋势预警和异常模式预警等，并将来自不同数据源的信息进行融合，形成全面的物流风险画像。利用 GIS 技术实现风险的地理可视化，可以更直观地了解风险分布和影响范围。建立快速应急响应机制，使预警信息能够迅速传递给相关人员，触发相应的应急措施。定期评估预警机制的性能，根据实际运作中的经验不断优化风险模型、预警指标和阈值设定。对应急物流团队定期进行培训和系统演练，以检验应急响应机制的有效性。

（三）构建多层面应急物流风险决策系统

风险决策和正常状态下的行政决策存在明显差异，风险决策具有显而易见的不可逆转性。借助大数据+云计算信息平台形成人+机器的灵活决策机制，也就是在应急物流体系建设中，预先设计好各种应急物流保障方案，做到授权有限、行权充分、措施得力、行动精准、保障有力。构建应急物流风险决策系统，是以最小的管理成本、最快速度、最高效率为应对和处置突发事件提供及时、充分、安全、持续的应急物资保障，保持社会稳定和人民生活运行，提高应对突发事件的能力水平。

构建多层面应急物流风险决策系统复杂性强，应将应急物流风险进行多层面分类，并为每个层面的风险设计相应的指标体系，以数据化的方式量化风险水平。利用大数据可视化技术，可以将多层面的风险信息呈现在一个直观的图上，便于应急物流系统决策者分析不同层面的风险。搭建智能决策支持系统，基于实时数据和历史数据分析，提供多层面风险的优先级和应对建议。同时，利用大数据技术构建实时协同平台，确保多层面风险信息的及时共享和协同应对，提高决策效率。

此外，针对不同层面的风险，需要制订相应的场景化应急响应计划，在发生风险事件时，根据实际情况选择相应的应急响应方案，提高响应的准确性和时效性。定期对多层面应急物流风险决策系统进行评估，根据实际运作中的反馈和经验不断优化模型、预警机制和决策支持系统。最后，对决策者和相关人员进行多层面风险决策系统的培训，并定期进行模拟演练，以提高他们的应急响应的协同能力。

（四）推动云上供应链支撑应急物资保障

推动供给侧与需求侧的数据上云，确保各类物流资源可找、可取、可用、可控，统筹服务应急物流需求。基于云计算架构为应急物流供需分析提供高性能的计算服务支持，实现供需信息实时共享和智能匹配，完善精准对接机制和重点企业调度机制，动态精准监控调节各地重要保障物资供应。进行重点地区提前预置、重点物资足量预储、紧急需求优先调集和应急物资精准配送，实现供应链对应急物资保障的有力支撑。

首先，应选择可靠的云服务提供商。对于应急物流而言，云服务提供商的稳定性和可靠性居于首要，其丰富的经验和良好的声誉能够为应急物资保障提供高质量的技术支持和服务。同时，应急物资保障需要面临不同的供应链系统，各供应链系统需同时处理订单管理、库存管理、运输管理等业务，对云服务提供商供应链管理能力要求极高。此外，还应当考虑云服务提供商的云上供应链可扩展性，以便在未来的业务发展过程中进行无缝扩展。

其次，应实现供应链管理软件云化。云化的软件能够实现随时随地访问，因此它能够提高系统的灵活性和可操作性，实现实时的数据同步和共享。应用云化软件，应急物资供应链中的各个环节可以实时获取最新的数据和信息，加快决策过程和响应速度，提高供应链的效率和响应能力。此外，软件云化可以提高系统的可扩展性和灵活性，根据需求进行灵活的扩展和调整，有助于降低系统的成本和维护工作量，提高系统的运行效率。

最后，应构建云上协同平台。应急物资保障中，云上供应链中的各个环节需要紧密协同合作，以实现高效的运作。利用云上协同平台可以实现供应链各方的信息共享和协同工作。无论是供应商、制造商还是分销商，各个环节的参与者可以通过协同平台实时沟通、分享信息，提高供应链的协同效率，减少信息不对称和沟通不畅的问题，提高应急物资供应链的协同效率。

三、区块链技术应用

区块链具有分布式数据存储、点对点传输、共识机制、加密算法等技术优势，物流与供应链是区块链技术的重点应用领域和方向。应急物流与区块链的特点有许多内在的契合点，在推进应急物流体系建设中，应加快区块链技术在应急物流领域的创新应用，以推动应急物流的高效保障、信任治理和智能运行。本书中所提出的区块链技术应用是指广义区块链概念，它不仅是一种技术，还是一种新架构理念、新组织形式和新应用模式。

（一）区块链推动应急物流实现高效保障

相比于人工智能、云计算、大数据等其他核心技术，区块链作为若干先进信息技术和数学算法的集合，是一种改变万物互联互通方式的技术，侧重于重塑"生产关系"。区块链技术中的分布式记账、Token 激励、智能合约等，将深刻改变应急物流机制。基于区块链可以高效传递供需信息，快速了解应急物资需要多少、哪里需要、谁领用了、使用了多少，有助于匹配资源和调控流程，解决高效率地筹集、调配、输送、分发物资等问题，构建新型应急物流信息系统，实现应急物流高效保障。区块链的应用有以下优越性。

一是实现上下游需求高效传递。区块链分布式的结构能够有效帮助应急物流各方实现点对点的通信，而不必通过一个特定的中心化结构实现信息交流，免去了烦琐的层级信息传递结构；其组织形式产生的"摩擦力"更小，为上下游需求传递增添了润滑剂，准确及时对接疫区物资需求，改善信息流动和共享的效率及准确性，促进社会化协同，避免"牛鞭效应"和"数据孤岛"，为应急物资需求方提供高效直接、更有针对性的物资援助，实现了有限物资的调度平衡、按需发放。武汉大学团队基于区块链技术推出了全国抗击新冠肺炎防护物资信息交流平台"珞樱善联"，开展疫情防控物资和应急保障物资的需求匹配与业务对接服务。支付宝也利用蚂蚁区块链技术推出防疫物资信息服务平台，对物资需求信息进行审核和上链存证，并对公众进行信息披露。

二是调配各环节物流高效作业。区块链的分布式记账技术有利于集中统筹人、车、物、场、路等资源力量，高效调配各环节物流作业，实现物资保障全链条一体化组织运行。上链信息可以做到十分详细，各物流节点的车辆及物资信息可通过上链实现物资科学分类及装载，生成精细化装车及配送方案，大大提高了作业效率。利用实时上链记账、多点存储和跟踪物资流转分发状态，可以有效破解中转效率不高、路线不合理、过程不共享、缺乏在途监管的难题，提高物流作业合理化、柔性化、透明化程度，大大简化流程、提高效率，减少错送、漏送等情况，避免应急物流供应链迟滞、休眠、失衡甚至断裂。

国际上已在应急物资调配、发放等环节运用区块链技术，实现了效果、效率和效益的同时改善。

三是确保指挥系统的高效运转。传统的应急物流指挥机构过度依赖于指挥中心，一旦出现故障或通信中断，整个应急物流指挥系统将会陷入瘫痪状态，而应急物流信息系统可依托半公开的联盟链，综合运用数据库、业务流程构建、GIS、大数据等技术集群，与指挥通信系统、视频会议和监控系统等功能集成，通过整合区块链技术建立智能化的物流信息系统，支持实现多层级、多区域、多中心、分布式的标准化应急指挥工作，推动应急物资产能、库存、调拨、分配的有效集中管控，提高应急物流信息的完善度和可视度，提高信息实时共享效率，确保第一时间公开透明地分发到位。建立跨链数据共享机制实现社会协同，基于智能合约实现权限约定，部署访问节点避免系统崩溃，全面提升应急物流指挥的高效性、稳健性和抗毁伤能力[①]。

（二）区块链推动应急物流实现信任治理

应急物流信任治理的困难既源于利益独立的企事业单位之间存在的信息不对称，又源于决策者有限理性导致的不完全契约，这可能引发参与者的机会主义行为。随着互联网信息传输的加速和共享理念的普及，应急物流信任治理问题既因信息不对称消减而有所缓解，又因技术"双刃剑"所致新的机会主义风险和信任问题而有所加剧[②]。区块链技术被认为是创造信任的技术，具有改变人们之间合作模式的巨

---

① 于明媛，杨澄懿，刘俊，等. 区块链技术的军事物流应用前景［J］. 物流科技，2018，41（10）：138-140.
② 李晓，刘正刚. 基于区块链技术的供应链智能治理机制［J］. 中国流通经济，2017，31（11）：34-44.

大影响力。区块链具有不可更改属性，基于区块链物流技术可以追踪物资流向，有效调配跟踪资源；同时，区块链金融技术可以解决灾害救援资金的结算、事后补偿及利益分配问题。区块链技术和思想的引入将更好地推动应急物流的信任治理。区块链推动信任治理的理由如下。

一是实现应急物资追溯，避免伪劣物资流入。依托区块链，可将应急物资相关的生产和流转信息实时记录在区块链上，实现从源头到生产到运输直至交付的全程追溯，经过全网共认形成不可篡改的事实，对物资溯源起到强有力的支撑作用，有效防止了应急物资掺杂假冒伪劣。早在 2017 年京东就已发布区块链在物流方面的应用，建立"京东区块链防伪追溯平台"，并率先加入全球区块链货运联盟（BiTA）等，期望依托区块链技术在未来形成一套无人值守的价值数据交换和交易体系，并将人类社会带向数字化的信任经济时代。将原材料过程、生产过程、流通过程的信息进行整合并写入区块链，能够实现精细到一物一码的全流程正品追溯，特别是为民生领域的"食品安全""药品安全""应急物流"等场景搭建了"可信供应链"。

二是形成完整责任链条，有效降低信任成本。以往应急物流系统内的数据信息是各主体自行维护，当账本上的信息不利于其自身利益时，责任方会选择篡改甚至删除记录，追责将额外耗费大量人力、物力和时间成本。应急物流对物资质量及物流时效性有严格要求，须追踪记录物资及信息的流转链条，实现来源追溯、防伪鉴证。基于区块链可对应急物资流转信息进行实时动态追踪，增强应急物流的透明度、可追责性和公信力，避免信息传递扭曲失真导致的信任危机，最大限度降低了信任成本和交易成本。

区块链通过提供实名认证、电子签名、时间戳、数据存证及全流程可信服务，建立完整的信任体系，提供透明监督和责任追究的可靠依据，形成完整、防篡改的责任链条，区块链的可溯源和透明性特征将帮助应急物流各方参与者实现自证，有效提升相关机构责任意识和服务意识，减少造谣传谣，极大增强政府公信力，为全民应对突发事件提供坚实的群众基础。

三是引入去信任化范式，破解捐赠信任危机。近期，由于捐赠物资去向等信息发布不及时、不公开、不透明，运行管理效率低下，一些慈善组织遭遇信任危机。区块链能够带来极高的透明度和严明的问责机制，引入去信任化的交易范式能够解决慈善公益事业痛点。其高度安全性可以保障记录于链上的每一批物资流转都真实可信，流向信息不可篡改。捐赠物资处于哪个环节、是否及时发放到位、哪里存在卡顿停滞等透明清晰，杜绝暗箱操作，提高信用水平，建立信任关系，公众毋需置疑慈善组织在公布信息时有隐瞒或欺骗行为。这有利于捐赠人和社会大众消除对于慈善组织的怀疑，跨越信用屏障，专注于应急物资保障本身。目前，趣链和雄安集团推出慈善捐赠溯源平台"善踪"，33复杂美推出"33区块链慈善平台"等，用于慈善捐赠的公示和溯源，可实现数据上链、过程存证、信息追溯、反馈触达、多端参与。

（三）区块链推动应急物流实现智能运行

区块链的去中心化和去信任的技术特点，为互联网环境中应急物流建设塑造了全新环境，特别是智能合约为应急物流建设开辟了一个与人无涉的智能运行新层次，并映射出应急物流智能运行研究的新课题。区块链推动智能运行的意义如下。

一是实现应急快速自主响应。在突发公共事件面前，必须及时有效调动各方力量、调集各类资源参与抢险救援，快速自主响应成为应急物流系统的核心能力和巨大挑战。突发事件应急响应程序中，区块链技术凭借机器信任机制和可自动执行的智能合约等特性，可实现应急事件快速自主响应。根据其类型、烈度和范围等情况及时启动相应预案，紧急组织应急筹措、生产、调度，高效进行应急物资和设备的调集。区块链有助于全面提升供应链弹性（flexibility）、韧性（resilience）及移动性（mobility），确保应急物资保障柔性、鲁棒性、灵活性，提高响应和运行效率。

二是提高应急物流运行效率。在应急物流多方流转大量应急物资的过程中，面对大量、多点、弥散的复杂关联信息，其智能合约自动化的特性凸显了区块链技术优势。当应急物资交付方和接收方对合同约定事项的执行达成共识时，智能合约平台可自动触发签收、打款等行为，降低合约风险，提高执行效率；同时将相关流转信息上链公示，实现链上和链下联动，提高应急物资流转效率和应急物流运行效能，压缩不必要的成本开销，突破流程壁垒，减少人力物力和时间耗费，破解返工复工困难带来的人员短缺等现实问题。

三是增强应急物流链条柔韧性。区块链技术和思想的引入将更好地推动应急物流的智能化转型，从仓储、运输、配送及逆向物流等各流程环节推动应急物流系统整体柔性和可信可控水平。分布式记账、Token激励、智能合约等技术将深刻改变应急物流机制，降低合约风险，突破流程壁垒，压缩不必要的成本开销，减少人力物力和时间耗费，提高应急物流执行效率和整体效能。完成快速响应和灵活调控，实现在准确的时间向准确的地点为需求方提供适宜数量的各类物资装备，确保救援物资、生产资料和生活必需品的有效及时供给。

区块链以物联网中的智能设备为节点，管理应急物流各方在交互作用中的角色、行为和规则，其分布式特性为应急物流物联网的自我管理和自动运行提供了途径，使各节点具有去中心、自信任、自治化和匿名化的特点，共同搭建万物互联时代的应急物流信息和价值交换网络，推动深化集成智能，实现灵活的供应链治理。运用大数据技术对链上信息的整合和数据价值的深度挖掘，利于形成应急物流活动全方位的全景视图，提高需求预测精度，实现全流程、全部门数据整合，破解信息"碎片化"难题；对各方指标进行量化分析，可以有效进行评价、监测和监督，有助于应急物资供应者、物流管理者和其他利益相关者建立共同的运行标准和合作方式。运用人工智能技术可以对应急物流区块链上海量的数据进行实时或近实时的处理，并对沉淀的信息价值进行充分挖掘，为后续决策提供辅助支持，使应急物流运行更加智能化。

四、无人智能化技术综合应用

2016 年以来，我国先后发布了《机器人产业发展规划（2016—2020 年）》《新一代人工智能发展规划》《促进新一代人工智能产业发展三年行动计划（2018—2020 年）》；2018 年，中央经济工作会议明确加快 5G 商用步伐，加强人工智能等新型基础设施建设。人工智能的战略规划为推动人工智能、机器人、无人化等技术成果在物流领域应用转化，促进应急物流无人智能化发展营造了良好的政策环境，带来前所未有的发展机遇期。

（一）健全"干线—支线—末端"链条

中远程无人机和重型机器人等重型智能化输送装备在应急物流中将发挥关键作用。2019 年，军地多方在甘肃成功进行了运输无人机中远程、大载荷保障联合演练，探索了无人智能化物流保障的新模式新方法，对扫除特殊地域保障盲区盲点具有现实意义。京东物流构建"干线—支线—末端"三级无人机智慧物流体系，完成无人重卡 2400 小时的智能驾驶超级测试，在多地开启无人车配送常态化运行，并在技术研发、场景应用、模式探索、地域部署、行业标准制定等方面进行无人智能化物流配送的整体布局。苏宁物流将打造"末端配送机器人—支线无人车调拨—干线无人重卡"的三级智慧物流运输体系，同时利用正在布局的无人仓、无人机，实现无人物流技术应用的闭环。

综合考虑干线、支线和末端的各个环节，结合现代物流技术，构建起一个协同高效、智能可控的"干线—支线—末端"链条，有助于提升整个应急物流体系的竞争力和服务水平。首先，要进行智能化干线、支线的运输，综合采取多种运输模式，引入物联网、大数据、智能调度技术，灵活采用多式联运的方式，优化运输路线和运力配置，采取合理的中继网点和路线规划，实现最小的运输距离和最短的运输时间，提升干线运输的效率和支线运输的灵活性。其次，以末端最后一公里为核心，建设集散和分拣中心，采用合理的库存管理和集中配送，引入无人机、无人车等无人智能化运输设备，进一步提升末端配送效率和服务水平，实现更快速、更精准的自动化末端配送。最后，"干线—支线—末端"链条应当实现跨行业、跨部门共享，提升末端资源利用率，实现灵活的末端配送服务，满足应急物流跨行业、跨部门协作的需求，实现应急物流建设目标。

（二）提高"最后一公里"配送效率

末端配送装备在实施自动驾驶过程中，可采用北斗系统高精度时空服务、多线激光雷达、高精度地图等技术的组合导航系统，生成实时高精度位置和姿态，实时监控配送车辆、人员、交通路况、气象温湿度等要素，统筹利用相关数据资源进行动态调整，优化配送路线和运力，实现多应用场景下货物跟踪定位、在线调度管理、智能配货、移动可视化等任务执行能力。做好供应商、配送车辆、网点、用户等各环节信息的精准对接，提升配送的标准化、智能化水平，有力保障"最后一公里"配送效率。

在实施自动驾驶过程中，末端配送装备可对多个要素进行实时监控和分析。一是对配送车辆的状态进行监测，包括车辆的位置、速度、加速度和刹车等参数。对车辆状态的实时监测可以及时调整行驶策略，确保安全和高效的配送过程。二是对参与配送人员的状态进行监控，包括驾驶员的疲劳程度、注意力集中度和操作行为等。对人员状态的实时监测可以提高驾驶安全性，减少事故的发生概率。此外，对交通路况的实时监测也是关键一环。实时监控获取交通流量、拥堵情况和交通事故等信息，有助于末端配送装备根据路况的变化进行路径规划和调整，避免拥堵区域，提高配送效率。三是对气象温湿度等环境要素的实时监控也是必不可少的。不同的天气条件会对配送过程产生不同的影响，如雨天会导致道路湿滑，需要降低车速。借助对环境要素的实时监测，末端配送装备可以根据实际情况进行调整，确保配送的安全性和高效性。

为了进一步提升配送的效率和质量，还可以利用相关数据资源进行动态调整。通过对历史数据的分析和模型建立，可以预测交通拥堵情况、货物需求量和用户需求等因素的变化趋势。根据这些预测结果，可以进行智能调度和管理，优化配送路线和运力。此外，数据分析和挖掘还可以发现潜在的配送需求和机会，提供更加个性化的配送服务。

（三）发展末端"无接触"配送模式

人工智能、边缘计算、机器人和无人化技术的突破带来末端配送模式的重要变革。人工智能技术可以提高应急物流系统的无人化水平，实现智能调度、智能路径规划等功能，提高物流配送效率。边缘计算技术可以实现物流配送设备的实时监控和数据分析，为配送提供更精准的数据支持。机器人和无人化技术可以替代人力完成配送任务，降低人力成本，提高物流配送安全性。新冠疫情期间，为了降低疫区配送人员在高危环境下配送时被感染的风险，京东等地方物流以供应链技术平台为依托，完成了在武汉的配送地图采集和机器人测试工作，无人机、无人车和机器人正式投入防疫一线，在配送、消毒、巡查等各个领域为抗击疫情贡献力量。国家可以通过财政补贴、减税降费等政策鼓励物流企业研发并推广应用配送机器人、移动智能快递柜、无人配送车、无人机等无人智能装备，建立临时"无接触"物流园区、配送站点、智能自提柜，积极探索无接触配送云服务平台建设，减少近距离人际接触带来的交叉感染风险。

第八章　应急物流专业
队伍建设

应急物流专业队伍是应急物流体系的能动力量，是应急保障综合实力得以发挥的重要基础。加强应急物流专业队伍建设直接决定了应急物流体系建设成效和应急物流保障的效率效益。

第一节　建设原则

俗话说，"养兵千日，用兵一时"。应急物流必须"养兵"在先，方可在应对突发事件中有"兵"可用。应急物流专业队伍建设主要遵循以下原则。

一、专司主营

着眼建设结构合理、专司主营、装备完备、保障有力的应急物流专业队伍，加强应急物流力量建设；突出应急功能，健全应急筹措、储运、配送、供应等专业化力量，提高应急组织协调和快速响应能力，确保应急状态下拿得出、调得快、用得上。应急物流专业队伍来自专业物流产业从业人员，其他辅助力量是应急物流专业队伍的协调者与辅助者。

二、平急结合

应急物流需要按照"平急结合"原则建设统一协调的专业化队伍。立足满足应急保障需要，将提升应急物资保障能力与常态化物流业务运行有机融合，做到一举多得、一体多用，提升平时服务、急时保供综合效能。平时针对各类应急情况进行应急物流培训、演练，配备、升级必要的装备设备，着力提高应急保障行动指挥控制能力、快速响应能力和高效保障能力。一旦出现突发事态，就激活物流专业队伍进入应急状态；迅速启动应急预案，指挥调度和组织管理社会物流力量，进入统一指挥、全链联通、高效运转的应急物流状态，并随时评估与完善应急方案，保障物流供应。

三、居安思危

应急物流专业队伍建设应针对不同事件，建立相对应的应急物流预案库和应急物流知识库、经验库、方法库；建立应急物流的预警、预报系统，制定应急物流运作流程并将其纳入应急物流专业队伍的培训考核。在上述基础上建立应急物流专业队伍考核评价机制，建立联合训练、联合保障机制，确保与各类应急物流力量信息对接、网络联通、资源整合、行动协同，实现无缝衔接，并定期举办应急物流模拟性演练。

第二节　主要构成

应急物流专业队伍的构成主要以政府、军队、社会专业化队伍为主体，专家和志愿者队伍为补充。

一、政府应急物流专业队伍

应急物流由政府主管，政府应掌握一支专业队伍，对标应急物流主力军和国家队定位，全面提升队伍的正规化、专业化、综合化水平，主导应急物流的建、管、用。政府应急物流专业队伍不仅包括各级政府应急物流主管部门的职能人员，也包括政府设立的相关队伍，如国家粮食和物资储备局直管的储备库等。对政府应急物流专业队伍，应实施严格监管评估，各级相关部门协同建立应急物流专业队伍监管工作机制，健全应急物资保障绩效评估机制，完善责任追究制度。健全仓储、运输、供应等主要环节的应急物流联络人机制。提高政府应急物流队伍物资采购、仓储管理、运输配送等队伍专业化水平和设备的操作能力。

二、军队应急物流专业队伍

军队在应对突发事件中经常发挥骨干和先锋作用，以军事物流力量为基础，配套科学高效的军地协调机制，军地密切协作，合作开展应急救援物资联储联供，打造军队应急物流专业队伍。

军队具有强大的执行力和显著的组织优势。经过多年建设，我军已经形成了前后衔接、梯次部署的仓储布局体系，拥有数万人的专业保障队伍，且人员训练有素。他们在2008年汶川特大地震等历次突发事件中经受了实践的考验。近几年，我军又按照加快构建现代军事物流体系的要求，积极推进军事物流专业队伍建设，取得了显著成绩。

军队应急物流力量的打造可以充分发挥军队强大的组织优势和资源优势，大大增强应急物流的反应速度和保障效能，提高对各种复杂严酷条件和不确定因素的适应能力。需要强调的是，军队的根本使命是打赢战争，在赋予联储、联供、联运等任务时，必须把握"适度、适量、适时"的原则，绝对不能因为应急而影响应战，而是要以应战为核心能力目标，在应急应战协调发展上下功夫，谋求通过应急来进一步提高应战水平。

三、社会应急物流专业队伍

近些年来，我国现代物流业发展迅猛，已经在一定程度上形成了应急物流的产业基础，但在质量水平上仍然相对滞后，还没有实现规模化和产业化。

为此，应当在政府有关部门产业发展规划的宏观调控指导下，以应急服务产业发展为基础，由政府出台必要的优惠政策，依托丰富的社会物流资源，用市场手段来优化配置应急物流资源；鼓励和引导社会力量全面参与应急物流建设；应急物流相关企业依据"平时生产、急时应急"的要求，按照市场法则和价值规律，自主参与应急物流事业，并以此来培育企业应急物流力量。强化物流行业领域和企业所属专业物资保障力量建设，组建一定规模的专业应急物流保障队伍。完善社会应急物流专业队伍规模、布局、装备配备和基础设施等建设标准，健全指挥管理、战备训练、遂行任务等制度，加强指挥人员、技术人员、保障人员实操实训，提高队伍正规化管理和技战术水平。

制定出台加强社会应急物流专业力量建设的意见，对队伍建设、登记管理、参与方式、保障手段、激励机制、征用补偿等作出制度性安排，对社会应急力量参与应急物流保障进行规范引导。开展社会应急物流力量应急理论和保障技能培训，加强与国家综合性应急物流队伍等联合演练，定期举办全国性和区域性社会应急物流保障技能竞赛，组织实施分级分类测评。培育企业应急物流力量，政府职能部门可以借力而为，发挥竞争优势，充分利用全社会的物流资源，将突发事件应急物流的资源寓于深厚的社会基础之中；同时保持较高的应急物流保障能力，达到低投入、高产出的效果。物流企业参与应急物流建设，不仅能够培养锻炼素质优良、作风过硬的人才队伍，培育形成良好的企业文化，还能得到政府一定的政策优惠，获得一定的经济效益。更重要的是，企业能与政府有关部门建立良好的沟通渠道，赢得政治荣誉和社会认可，提升知名度，扩大影响力。

此外，还应积极充实壮大两支队伍，即应急物流专家队伍和应急物流志愿者队伍。明确两支队伍工作职责，充分发挥应急物流专业人才作用。按照各项研究领域相衔接、军队与地方相配合、常备与后备相结合的原则，以行业系统、高等院校和科研院所等研究机构为依托，建设一支涵盖各领域、各行业，囊括顶尖人才的应急物流专家队伍。专家队伍为制定法规制度、判明灾害威胁、辅助指挥决策、制定应急物流方案、实施保障行动、评估应急成效等出谋划策；为应急物流决策提供政策咨询、专业指导和智力支撑，提高军地联合指挥、联合动员、联合处置的科学化、专业化水平。鼓励社会应急物流志愿者队伍深入基层社区排查风险隐患、普及应急物流知识、就近就便参与应急物流日常准备等。推动社会应急物流专业化力量参与防灾减灾救灾、应急物资保障等，并将其纳入政府购买服务和保险范围，为道路通行、后勤保障等提供必要支持。健全政府购买应急服务机制，建立政府、行业企业和社会各方多元化应急物流力量建管用机制，加快建立多渠道保障模式。

第三节　建设举措

　　加强应急物流专业队伍建设应从优化制度、完善机制、拓宽途径，以及加强军地联合等方面同时推进。

一、优化物流人才体系制度

　　目前，应急物流理论研究仍在深化，应急物流专业化人才队伍建设相对滞后。应从顶层设计入手，对应急物流专业人才培养给予足够的重视，强化长期、稳定和权威的人才培养体系和制度，建立起一支合格的应急物流人才队伍。为此，需注重以下几点。一是建立应急物流专业人才定岗定位制度。造成应急物流专业化人才短缺的因素有物流人才建设滞后，但更重要的是经过专业化学习且具有物流专业资格认证的物流人才未能分配到专业对口的岗位，一大批专业化物流人才不能学以致用。应从顶层设计入手，建立物流专业人才定岗定位制度，让经过物流专业培训，取得物流师资格认证或物流专业学位等资格的人才能够在应急物流对应的岗位上发挥作用。例如，可将应急物流专业岗位划分为应急物流理论研究人才、管理人才、工程建设人才、技术研发人才和一线操作人才等，将具有不同优势的物流专业化人才安置到适合的工作岗位，提升他们的引领作用。二是建立应急物流专业人才后备选拔制度。应急物流涉及物资采购、仓储、运输、配送等环节，涵盖了物资、装备、保障、油料、卫生等多个行业，因此它是一个综合性较强的专业。应对目前在岗在位的专业化人才进行选拔，优中选优，建立完善培训机制，依托专业培训提升其综合素质和应急物流专业化水平，提高应急物流专业人才政治能力、调查研究能力、科学决策能力、应急处突能力、动员工作能力、抓落实能力等，以达到为应急物流专业储备后备力量的目的。完善人员定期培训和继续教育机制，采取定向招录、委托培养等方式，构建结构合理、梯次完备、衔接有序的人才格局。三是建立应急物流人才成长机制、成才通道。应建立应急物流专业人才目录清单，完善专业人才培养招录政策，拓展急需紧缺人才培育供给渠道，完善人才评价体系；加强与相关科研单位、高等院校、行业协会的协作，加强人才交流；实施跨军地、跨区域、跨专业应急物流人才对口支持政策，促进人才合理流动，探索建立应急物流人员与军队保障人员双向挂职交流机制；建立符合应急物流特点的待遇保障机制，完善职业荣誉激励、表扬奖励和疗休养制度，打通成才通道，从而加快形成规模合理、素质优良的创新型应急物流专业人才队伍。

二、完善专业人才使用机制

应急物流人才队伍建设是一个长期复杂的过程，需要建立有效的应急物流专业人才使用机制，吸引物流人才、培养物流人才并留住物流人才。为此，应做到以下几点。一是建立应急物流专业人才吸纳机制。制定优厚政策、创造优越条件，吸纳军地院校、科研院所和各大物流企业的优秀物流人才充实到应急物流专业队伍中，为提升应急保障能力提供智力支持。二是完善应急物流专业人才激励机制。人才的培养和进步在很大程度上取决于激励机制是否科学合理。应采取精神奖励和物质奖励相结合的激励机制，对在应急物流理论研究领域有重大贡献、在物流实践研究中有突破性进展的物流人才予以表彰，对取得重要成绩的物流专业人才给予物质奖励，并对其研究的物流相关领域提供经费支持，为应急物流专业人才提供良好的研究环境和发展空间。三是健全应急物流专业人才保留机制。提高专业化物流人员的工资待遇和福利待遇，积极改善其工作和生活条件等方式有利于保留专业化人才。另外，在物流人员调动、使用和推荐等方面应给予优惠政策，科学制定物流岗位的服役年限和级别年限，满年限的物流人员可定期进行岗位轮换和流动任职，为物流人员成才发展提供良好机会。同时，建立物流人员的提拔和晋升机制，尤其是对于较为稀缺的物流理论创新人才、物流关键技术研发人才和物流工程等方面的人才，应给予高度关注，可根据需要破格晋升和任用。

三、拓宽专业队伍培养途径

应积极拓宽培养途径，依托国家、政府和军队优势资源，形成应急物流专业人才军地共育的良好氛围，合力加强应急物流专业人才培养。具体措施如下。一是依托高等院校教育体系培育应急物流专业人才。北京交通大学、北京工商大学、北京科技大学、北京物资学院、国防大学联合勤务学院、陆军勤务学院、陆军军事交通学院等军地高校均较早开设了物流相关学科专业。截至 2024 年年底，已有 700 余所军地高校开设了相关学科专业，并具有了良好的基础。但为适应应急物流领域的发展，仍需加大学科建设力度，鼓励有条件的高等院校开设应急物流相关专业，加大应急物流专业的研究力度，尤其应加大专业课程体系设置、师资力量配备和教学软硬件资源投入，提升应急物流人才培养的质量和整体水平，加强创新型、应用型、技能型人才培养。二是注重在职继续教育深化应急物流人才专业素养。遴选培育具有辐射引领作用的应急物流知识宣教、技能实训和特种作业人员实操考试基地，搭建协同育人平台。选拔并鼓励物流相关专业人员参加各类在职培训、参加军地高校和研究院所举办的各类专题研讨会、高峰论坛、物流大型企业现地观摩等交流活动；探索建立符合应急物流职业特点的专业人才培养招录机制，丰富岗位在职培训的形式，拓宽物流从业人员眼界，补齐专业知识和技能的短板，进一步提升应急物流人员的专业素养，优化应急物流人员的知识结构。三是丰富国家和军队重点工程项目应急物流人才实践经验。鼓励应急物流相关从业者参加国家和军队重大工程和重点项目，加强与地方大型物流企业的合作与交流；依托高校、科研院所、志愿服务组织等力量建设专业化应急物流实践平台，加强应急物流特种作业人员实操考试基地规范化、标准化、集约化建设。从应急物流顶层制度设计、理论创新到大型工程研究论证、物流关键技术攻关等环节，实施基层应急物流人才特岗计划、应急物流指战员培养计划、应急物流职业技能提升行动计划，提升应急物流专业人才的实践经验和综合能力。

四、加强军地应急联演联训

制定应急物流保障演训相关办法，明确组织应急力量联训联演的演训周期、作战背景、任务受领、模块编成、力量征用、储备动用、物资配送等内容，做到联训联演有法可依、常态组织，并定期组织联训联演活动，切实提高军地应急协同能力。结合军地重大演训活动，组织开展全层级、全流程、全要素一体指挥演练；定期或结合专项任务，组织应急物流专业队伍开展应急应战联训联演活动，切实提升军地科学统筹、一体指挥、智能调度、协同作业能力，确保应急应战快速反应、高效保障。同时，加强应急物流预备役力量。着眼应对突发事件和未来军事斗争物流快速响应保障需要，由国家发展改革委会同军委后勤保障部、应急管理部，研究提出应急物流保障预备役力量建设方案；由国家发展改革委选择骨干力量，组建分拣组套、装卸搬运、配送分发等专业保障分队；由军委国防动员部会同人力资源和社会保障部，按照程序规定将后者纳入国防预备役序列，对人员装备定编定岗，明确动员流程、指挥关系及保障任务。研究出台国防与应急预备力量的支持与补贴制度，进一步鼓励、激发社会力量应急备战。

第九章　应急物流理论

　　非典疫情之后，国家高度重视应急管理建设，由此引发了对应急管理相关理论的研究与创新。应急物流理论就是在这一背景下发展起来的。应急物流理论的创建与应用，本质上是将现代物流理论运用于国家应急管理领域的有益探索，是对现代物流理论体系的补充和发展。2020年抗击新冠疫情的实践凸显了应急物流理论的重要作用，该理论为提升应急物资保障水平、推动应急物流体系建设提供了理论支撑。具有明显特色的应急物流理论主要包括物流活性理论、应急供应链管理理论、军地物流一体化理论、应急物流保障能力评估理论等，其成果主要以学术论文、学位论文、研究报告等形式体现。

第一节　物流活性理论

　　活性在生物学上是表示酶、细胞等促进生物反应的能力，或是表示它们的活跃程度。酶的活性越高，身体的机能发挥的效果越强，相反，活性越低，机能发挥越差。对于物流系统亦然，物流活性越低，物流活动越难以进行，作业水平降低；活性越高，作业水平越高，效果发挥越明显。

一、物流活性的内涵

　　为应对突发事件，应急物流必须快速投入作业，以满足快节奏救援和救助需求。研究物流活性的目的在于提高应急物流具体环节的快速作业水平，提升整个应急物流体系适应复杂环境的保障能力。

物流活性是指物流系统或者要素快速投入物流作业活动的能力。其内涵可从以下方面来理解。

一是对任务和环境的自适应性。物流系统应能够适应环境的各种变化，具有很强的适应能力，从适应各种活动的角度来看，物流系统应该能够满足不同类型保障活动的专业需要，在技术上易实现调整和转化，保证物资的快进快出。

二是方式的多样性。物流系统必须能够满足物资保障对象多样化的要求，这既包括对物资品种的多样化需求，又包括对保障方式的多样化需求。同时，有关部门或人员既要考虑物流系统的整体活性，又要考虑物流系统的要素活性。

三是方法的灵活性。物流系统的快速反应必须以快速物流作业为支撑。物流的快速运行需要提升物流作业的容易程度，对具体的物资则强调易投入物流作业的性质。

四是环节的衔接性。物流是由从物资出场一直到保障对象的多个环节组成的，因此各个物流环节的衔接必须顺畅、平稳、快速，实现无缝连接。高效的物流信息系统平台是提高物流环节先进性的基础。

以上四点是对物流活性内涵的理解，也是对物流系统活性的综合评价。应急物流活动具有鲜明的活性，应急物资在经过计划、筹措、运输、仓储、装卸搬运、分拣配送等环节流向保障对象过程中，都离不开物流活性这个实现各个环节有效连接的"润滑剂"。倘若中间某一个环节的"润滑剂"出现了问题，将会直接影响整个应急物流保障的有效运行。从应急物流保障实践看，不同的应急物资，应采用不同的包装方式、储存方式、运输方式、装卸方式和配送方法，这些因素在本质上都涉及应急物流活性问题。

二、物流活性理论要点

（一）关于物流技术活性和管理活性

物流系统的活性分为技术活性和管理活性，技术进步和管理创新是提高物流活性的源泉。技术进步既可以是其他领域的新技术应用于物流领域，如资源规划技术，也可以是物流领域的原发性技术进步，如集装箱、散装水泥、条码技术、电子标签等；管理创新则包括标准化、模块化、延迟响应等。技术进步和管理创新可以有效提高物流系统的柔性和韧性，提高物流系统即时响应和抗打击能力。物流技术活性或称为物流物理活性，是指物资进行机械运动的便利性。如传统物流理论中的搬运活性，就属于技术活性。物流技术活性是物流活性的物质基础，如自动化立体仓库可以更好地适应多品种、少批量物流的需求，具有很好的物流活性。物流管理活性是物流活性的重要保障。例如，平面库房管理规范有序可以加快仓库的进出库速度。物流管理科学的成果在许多方面揭示了物流管理活性的提高途径，如集中管理的物流活性优于分散管理；流通领域存货的物流活性优于生产领域或消费领域的存货；标准化产品的物流活性优于非标准产品，等等。

（二）关于物流内活性和外活性

物流活性从物资易于投入物流作业的影响因素来分，可分为物流内活性和物流外活性。物流内活性是由物资自身因素决定的易于投入物流作业的性质。物流的内活性由物资的尺寸、质量、形状等物理属性、化学属性、外部包装和存储状态四要素组成。物流外活性是由外界因素决定的物资易于投入物流作业的性质。

（三）关于物流活性度量

应急物流的发展对物流系统的灵活性、反应速度提出了更高的要求。物流活性指数可描述应急物资在应急物流保障过程中流动的便捷程度，反映应急物流系统及时满足用户不断变化的应急物流保障需求的能力大小。简而言之，物流活性指数，就是指物资从静止状态转变为运动状态的方便程度。它反映了物流系统的灵活性、为用户提供物流服务的多样性、物流活动的快捷性及物流各环节的衔接性。

（四）关于物流环节活性

物流活性会因物流系统的不同而有较大差异。有的物流系统功能齐全，且实行一体化管理；有的物流系统虽有多种功能，但彼此之间的联系不很紧密；有的物流系统功能较为单一，它们的物流活性就有差异。物流活性一般由以下几部分构成。一是运输活性。运输活性主要体现在技术活性。如汽车运输的机动灵活性优于火车和船舶，又如集装箱运输由于可以快速装卸并适合于联运，可以实现门到门运输，其活性大大提高。二是储存活性。一般而言，储存物资的活性取决于所处的储存环节和储存技术。库存处于周转环节因而其社会活性高于生产环节；自动化仓库库存的物理活性高于普通仓库。三是装卸搬运活性。装卸搬运活性的指数计算基本沿用了传统做法，只是为了便于累计，指数从原来的0~4改为1~5。四是包装活性。包装活性看似与搬运活性有交叉，实则不同。装卸搬运所用容器是装卸搬运过程临时使用的，而包装容器往往在物资出厂的整个物流过程中一直与物资相伴随。五是物流信息活性。物流信息活性既包含技术活性又包含管理活性，而且两者很难区分，如采用计算机处理，一方面信息处理速度加快，另一方面可以使信息管理更为有序，更便于查询和实现信息共享。

三、物流活性理论的实践应用

物流活性理论的实践应用，主要体现在以下几个方面。

（一）指导物流装备技术的运用和研发

合理利用机械化作业能够增大物流活性指数提高的概率、机械化作业既能节约人力、减轻劳动强度，又能节约时间，提高应急物流保障效率。一些劳动强度大、作业条件差、装卸搬运频繁、动作重复的环节，尤其应当尽可能采取有效机械化作业方式。现代物流装备技术是提高应急物流活性的物质基础，例如，智能化仓库技术、智能化装卸搬运技术等都能有效提高应急物流的技术活性。技术进步与管理水平往往是相辅相成、相互促进的，因此以技术活性为核心的应急物流技术开发，也往往可以提升应急物流系统的管理活性。

（二）指导物流系统设计

活性理论为指导物流方案设计、设备选择和作业方法确立以及应急物流保障的合理化、规范化和科学化提供了定量化的依据，并因此形成了一种科学评估设计方案的办法。物流作业是各环节的有机组成，只有各环节均衡并相互协调，才能使整个应急物流系统产生预期的效果。因此，要针对薄弱环节，科学运用活性理论，采取科学方法措施，达到物流计划、采购、运输、仓储、配送、逆向物流、经费结算等环节协调一致，从而全面提升应急物流综合保障效能。

（三）指导物流标准化建设

物流标准化是提升应急物流活性的重要手段和措施。物流标准化是根据需求和物流活动的目的和要求，从技术标准、工作标准、物流环节等方面，全面规范应急物流活动的一系列活动的统称。如集装箱、仓库、车辆采用统一模式进行设计指导，可以提升各个环节的配合性，提高作业效率。港口、场站设施的标准化可以提高运输活性。数据格式、编码的标准化可以提升物流信息活性。物流标准化建设是提升应急物流活性水平，减少应急物流保障环节，提升、保证应急物流保障效能的重要途径，其对于推进战斗力、保障力生成模式转变、及时准确保障具有十分重要的意义。

（四）指导物流信息化建设

物流信息网络化可以加快物流信息的传输速度，提高物流信息的共享程度，各个物流活性的组成部分中，物流信息活性最为关键，它对整个物流系统的活性起到引领作用。一些库存物资之所以积压，是由于没得到确切的物资需求信息，就被生产出来或完成了物流过程。如果能够推迟时间、地点和最终状态的实现，就可以获得最大的灵活性。

（五）指导物流集装化工作

物流集装化是现代物流的发展趋势之一。集装化之所以能够提升物流活性，是因为物流集装化有利于综合采用现代物流技术，提高了物流技术活性，还因为物流集装化有利于实施物流高效管理，提高了物流管理活性。物流节点（储备点）的建设应当在设计之初就充分考虑到未来适应高强度、持续保障的需要，加强集装化水平。

（六）指导物流模块化工作

在明确物流设计目标的前提下，将具有增值功能的各组成部分设计成半自律的模块（子系统）。模块的特点就是可以即插即用、快速组合。可按用户要求将复杂的物流解决方案设计简化为简单的模块组合，这样就能既满足了用户个性化需求，又达到了即时响应的要求。

第二节　应急供应链管理理论

2003 年，王宗喜教授针对当时应急物资保障涌现的新问题、新矛盾，提出应加强应急供应链管理理论研究和实践探索。目前，应急供应链管理已逐步形成了较为完善的理论体系，但为适应应急物流需求增长，仍需进一步深入研究和应用应急供应链管理理论，以有效地降低应急物资保障成本，提高应急物资保障效能。

一、应急供应链管理的基本内涵

应急供应链是一个围绕应急物资供应部门将应急物资生产企业、应急物资供应商、应急物流企业、应急物资供应部门、各级应急供应链节点单位直到应急物资最终用户连成一个整体的功能网链结构模式。应急供应链管理是应急物资供应部门利用现代信息技术全面规划应急物资供应过程中的商流、物流、信息流、资金流、业务流等，并进行计划、组织、协调与控制的管理机构。

应急供应链管理的内涵可从以下几个方面来理解。

一是应急供应链管理的核心是集成管理。它是从应急物资生产企业开始，经由应急物资供应部门、各级应急供应链节点单位，直到应急物资最终用户的全要素、全过程的集成化管理模式。要成功实施应急供应链管理，就要真正发挥其节约应急物资保障成本、提高应急物资保障效率的功效，就要把应急供应链各成员单位和各级应急物资保障部门之间的各种业务看作一个整体功能过程，形成应急供应链集成化管理体系。

二是应急供应链管理的重点内容是对应急供应链上商流、物流、信息流、资金流、业务流等的全面管理。对应急供应链上的商流、物流、信息流和资金流进行有效的控制和协调，就能将内外应急供应链有机地集成起来进行管理，达到全局动态最优目标，以适应新时代对应急供应链的高质量、高柔性、低成本、快速供应和优质高效保障的要求。

三是应急供应链管理的着力点是需求导向、协同高效。应急供应链管理的基本思想是以应急物资用户需求为导向，以主导应急物资供应商与应急物资供应部门之间的供求关系为依托，以提高应急物资用户满意度为目标，以优势互补、协同高效为运作模式，运用现代管理思想方法、信息技术、网络技术和集成技术，对整个应急供应链上的商流、物流、信息流、资金流、业务流进行有效规划与控制，最终将应急供应链上的成员单位连成一个完整的网链结构，形成一个长期战略联盟。

应急供应链管理是提升应急供应链保障能力的有效方法，也是降低应急供应链总成本的重要途径。构建具有中国特色的应急供应链管理体系，必须将应急供应链上各部门、各环节、各要素进行有机整合，实现应急供应链的横向一体化和纵向一体化的集成化管理，并有效维持应急供应链的适度弹性，进而提高应急供应链的快速反应能力。

二、应急供应链管理理论要点

（一）关于应急供应链管理目标

应急供应链管理的目标是从系统、整体的观点出发，寻求建立应急供应链上的应急物资供应商、应急物流企业、应急物资保障部门、各级应急供应链节点单位以及应急物资最终用户间的紧密协作关系，以最大程度地减少内耗及浪费，谋求应急供应链整体保障效能的最优化。应急供应链管理的目标是在总周期最短化、总成本最小化、应急物资保障水平最优化以及总储备适度化等目标间寻找最佳均衡点，以实现应急供应链绩效的最大化。从传统的管理思想来看，上述目标相互之间呈现出背反效应：应急物资保障水平的提高、应急物资保障总周期的缩短、应急物资交付质量的改善，必然以应急物资储备的增加、应急物资保障成本的上升为代价，无法同时达到最优，因为应急供应链管理各目标间存在冲突。然而，从系统的观点出发，运用应急供应链一体化的管理思想，改进应急物资用户保障水平、缩短应急物资周期，提高应急物资质量与削减应急物资储备、降低应急物资保障成本是可以兼得的，将应急物资需求方所需的恰当的应急物资以恰当的价格，在恰当的时间，按照恰当的数量、恰当的质量和恰当的状态送达恰当的地点，最终是可以实现的。

（二）关于应急供应链系统集成

应急供应链是一个复杂的人工巨系统，应急供应链的诸要素、诸环节是相互关联、相互影响的。系统集成就是要对这些相互关联的要素和环节进行统一规划，按一定结构进行优化和重组，并通过各要素间的协调配合，实现应急供应链的整体功能优化，整体效益最佳。应急供应链讲求系统优化，强调资源整合，倡导技术集成，因此要根据应急供应链管理的要求，运用现代科技加以选配和集成，不能一味盲目追求高新技术的叠加。在选定系统目标和准则的基础上，要着眼系统最优，就必须分析构成应急供应链系统的各级子系统的功能和相互关系以及系统与环境的相互影响，协调应急供应链系统内部诸单元之间的复杂关系，不断促进应急供应链诸环节的无缝衔接，以达到系统整体效益最佳和有限资源配置最佳。应急供应链作为应急体系的一部分，必须从系统集成的角度来认识和建设，以满足应急物资保障要求。要站在国家安全和发展战略全局的高度，建立军地一体的应急供应链。因此，要积极探索新时代军地应急供应链融合发展的新途径、新方法，重点建立科学高效的应急供应链指挥系统，先进适用的应急供应链设施设备系统，网络畅达的应急供应链信息系统，配套齐全的应急供应链法规标准系统，复合高质的应急供应链人才系统，努力构建有中国特色的应急供应链体系。

（三）关于应急供应链柔性保障

柔性保障是应急供应链系统为适应应急物资用户的动态需求，所具备的快速响应的应急保障能力。全心全意为应急物资用户服务是应急供应链的根本宗旨，柔性保障则是实现根本宗旨的核心理念，是应急供应链的灵魂。应急供应链与一般供应链的不同之处在于，为保障对象提供优质服务是应急供应链的根本目的，而为客户提供优质服务只是地方供应链管理企业的手段，获得经济效益的最大化才是其最终目的。因此，应急供应链系统对应急物资保障对象服务的重视程度远远超过地方供应链系统。必须指出，改进应急物资保障质量、提高应急物资保障效果是应急供应链追求的重要目标。强化应急物资高效保障意识，优化应急物资保障措施是搞好应急供应链管理的诀窍。由于应急物资保障对象担负的任务不同，对应急供应链的需求势必复杂多样，应急供应链系统必须具备适应变化的能力，以满足应急物资保障对象的个性化需求，并为其提供柔性化的应急物资保障。应急供应链系统的柔性由两部分构成。一是感知系统的柔性。利用信息技术、信息网络、设施和设备、人员知识技能以及组织结构等，实时感知应急物资用户的需求动态。二是响应系统的柔性。搞好以下环节：应急物资供应商关系、应急物资生产、应急物资采购、应急物资运输、应急物资储备、应急物资配送等，快速适应应急物资需求变化，提供优质高效的应急物资保障。只有应急供应链系统具备实时感知和快速响应，才能够适应外部应急环境的变化，及时为应急物资保障对象提供个性化的应急保障。

（四）关于应急供应链绩效管理

应急供应链绩效管理是一种将应急供应链绩效考核作为衡量应急供应链管理工作重要依据的管理理念与方法。实施应急供应链绩效管理能够更好地对应急供应链保障资源进行优化配置，这对推进应急供应链管理创新、提升核心保障能力能够起到不可或缺的重要作用。推进应急供应链绩效管理，重点要抓住应急供应链绩效管理计划、应急供应链绩效管理实施、应急供应链绩效管理评估、应急供应链绩效管理反馈和改进、应急供应链绩效管理信息系统建设等关键环节。要采取多种形式，把应急供应链绩效管理实施中存在的问题和取得的进步进行反馈，应急供应链管理对象可从中看到自身管理工作的不足，找出需要改进的方面，并与应急供应链绩效管理人员就应急供应链绩效评估结果达成新的改进共识，制订新的应急供应链绩效改进计划，进入下一个应急供应链绩效管理周期，共同为应急供应链绩效管理造就一个不断良性循环的过程。

三、应急供应链管理理论的实践应用

应急供应链管理理论主要在以下方面得到应用。

（一）指导应急供应链节点单位建设

应急供应链节点单位是应急供应链上的重要节点，各层级应急供应链节点单位以及交通运输网线共同构成了应急物资内部供应网络。为满足急时多样化和个性化的应急供应链需求，并考虑应急供应链保障的规模效益，需要对现有应急供应链系统进行改造。以为应急物资需求单位和个人提供"送货上门"式的配送服务为目标，将一些综合条件较好的应急储备力量、应急运输力量、应急维修力量、应急采购力量等应急保障力量进行"有机组合"，以新建单位为辅，重在对已有单位赋予应急物资保障职能，整合为应急供应链节点单位。应急供应链节点单位所储备的应急物资具有种类全、数量多和面向军地双方的特点。节点单位不仅具有应急筹措、应急运输、应急储备和应急供应链信息处理的功能，还可开展应急物资订单处理、应急配送、应急维修、应急物资保障经费结算等业务。应急供应链节点单位既是实现应急供应链高效保障的新型应急保障力量，也是应急供应链上承前启后的重要环节，在未来应急供应链保障中具有十分重要的作用。对应急物资保障对象实施快速、高效的保障，实现"数量型"向"速度型"的转变，达到应急物资保障效益与应急物资保障效率的动态均衡。

（二）指导应急物资供应商管理

应急物资供应商管理，既是应急供应链管理的重要内容，也是促进应急物资供应商公平竞争的现实所需。应急物资供应商具有不确定性强、集成度低的特点，这就必将带来应急供应链稳定性差、运行效率低等弊端。针对这一问题，要加强对应急物资供应商的管理。在确定应急物资供应商之前，应对其进行资格认证与考核。主要考核应急物资供应商的生产能力、发展潜力、保障能力、企业信誉等方面。为保证应急供应链的高效平稳运行，一般情况下，应急物资供应商应相对稳定，所以必须把好审核这一关。应急物资保障部门可以根据自身需要，建立科学的指标评价体系对应急物资供应商进行综合评价。评定指标包括应急物资供应商的供货质量、价格、交货时间、合同完成率、售后服务等，可以根据这些指标对应急物资保障部门需要的重要程度分别给予一定的加权综合考核，并对应急物资供应商进行实时监控，以综合考核与适时监控的结果作为日后调整应急物资供应商的依据。应急物资保障部门的职能特殊性决定了应急物资供应链有其不同于一般物资供应链的个性，即只有在充分完成应急物资保障任务的基础上，才能去谈如何降低应急供应链综合保障成本，提高应急供应链综合保障效能。另外，应急物资保障部门还可以辅助应急物资供应商制定发展规划，协助供应商发展技术，双方"互通有无、取长补短"，达到资源和利益共享。为此，一要增加优质应急物资供应商的数量。要广泛征集应急物资供应商，不断优化应急物资供应商库，并加强应急物资供应商资质考察。二要加强应急物资供应商日常管理。要确保应急物资供应商公平竞争，加强对应急物资供应商的保护，并强化应急物资供应商库动态管理。三要强化与应急物资供应商的沟通协调。要积极进行日常交流，加强应急采购配合，并大力发展协议供应商。四要完善应急物资供应商管理机制。着重完善应急物资供应商管理制度、应急物资供应商考评制度和应急物资供应商奖惩制度。

（三）指导应急供应链需求管理

应急供应链上的保障活动本身具有"不确定性"。为了降低应急供应链上保障活动的"不确定性"，通常的做法是，进行应急物资保障对象需求预测，努力澄清应急供应链各保障环节及其相互之间的"需求迷雾"。应急物资需求计划制定部门必须牢固树立"需求驱动"的理念，平时加强与应急物资保障对象的联系，及时了解应急物资保障对象的现实需求，分析应急物资保障对象的潜在需求，力争在最短的时间内将所需应急物资提供给应急物资保障对象。为此，一是要搞好应急供应链需求的顶层设计。应深化应急供应链需求论证，把握好当前与长远、局部与全局、需要与可能的关系，从顶层把应急供应链各项需求统筹起来，突出发展重点，关照战略全局，区分轻重缓急，保持适度弹性，科学确定建设重点和资源的投向、投量。二是要规范应急供应链需求的申报程序。根据应急任务，明确应急供应链需求，规范应急供应链需求研究提出、分析论证、归口上报、综合平衡、审核确定的程序，形成应急供应链需求管理总体方案。有关职能部门组织审核应急供应链需求管理建议方案，按规定程序报批后，形成应急供应链需求管理总体方案。三是要做好应急供应链需求评估。应组织应急供应链相关部门和各业务领域专家，从目标效能、保障成本、时空布局、综合效益等方面，按照规范的评审环节，对应急供应链需求进行严格、科学的评审，写出评审报告并上报，将评审报告作为应急供应链相关需求申请立项、中期检查、项目验收的重要依据。

（四）指导应急供应链外包

应急供应链外包是指应急物资保障部门为集中精力增强应急物资保障能力，将部分应急供应链非核心业务以合同方式委托给专业的应急供应链企业运作。它是一种长期的、战略的、相互渗透的、互惠互利的业务委托和合约执行方式。应急供应链外包有利于应急物资与地方供应链资源共享，减少重复浪费，不但可以提高应急供应链资源的整体利用率，而且可以为企业提供更广阔的发展空间，实现军地双赢。然而，合作存在风险，应急供应链外包也不例外。为更好地促进应急物资保障能力生成，应积极探索应急供应链外包风险的种类及防范措施，切实搞好应急供应链风险防控。应急供应链外包风险主要包括道德风险、应急物资供应商选择风险、泄密风险、方式选择风险、管理风险、应急物资供应商自身的安全风险、应急供应链标准不统一带来的风险。应急供应链外包风险防范，必须积极探索外包方式，创新外包管理手段，建立应急物资供应商激励约束机制、应急物资供应商竞争与监督机制，严格保密管控，加强应急物资供应商风险防范。

（五）指导应急物资生产企业代储

应急物资生产企业代储主要是指应急物资保障部门在对应急物资拥有完全产权的前提下，将应急物资以实物形态储备在地方生产企业和流通企业，并依照协议约束应急物资生产企业对应急物资进行储存保管、维护保养、轮换更新、运输配送等活动，主要是解决应急物资储备周期短、轮换更新难的问题。实施应急物资生产企业代储，必须科学合理地制定应急物资目录。应重点考虑和把握以下几点：一是市场流通性。应急物资应具有良好的市场流通性，以利于应急物资生产企业将应急物资放入市场的大流通中进行轮换更新。二是更新换代周期。更新换代快，则技术寿命短，不利于在应急物资储备仓库长期储存。这类应急物资由应急物资生产企业代储，应只明确应急物资的性能，不具体规定应急物资的型号，以利于应急物资生产企业自主轮换。

三是生产周期。应急物资如果生产周期较长，难以满足应急物资保障需要，则必须以应急物资实物形式进行储备，应急物资生产企业还应注重专业技术方面的维护保养，以保证代储应急物资的常储常新。

今后进一步发展应急供应链管理理论，可抓住以下主要着力点：应急供应链管理核心机理研究；应急供应链流程优化研究；应急供应链协同管理研究；应急供应链指挥控制研究；应急供应链成本管控研究；应急供应链保障效能评估研究；应急供应链"牛鞭效应"研究；应急供应链信息流管理研究；国际应急供应链管理研究。

第三节　军地物流一体化理论

应急物流的一个重要特点就是"急"，主要表现为物流活动准备时间短、时效性强、保障强度大。相对于地方物流，军队物流系统主要任务就是应对和平时期发生的"急、难、险、重"问题，保障战时军队作战的物资需求，因此，其在应急物流的准备、组织与实施方面具有丰富的经验。深化、利用军地物流一体化理论，加强军地物流一体化建设，不仅有利于地方借鉴军队物流的成功经验，加快应急物流体系建设，也有利于充分利用军队物流的力量，提高应急物流的反应速度和质量。军地物流一体化理论就是通过一体化运作，实现物流的高效运行，有力地提升应急物流保障效能。

一、军地物流一体化概念

军地物流一体化是指对军队物流与地方物流进行有效的动员和整

合，实现军地物流的统一、融合和协调发展①。

为了进一步明确军地物流一体化的内涵，可作如下解释，军地物流一体化是指在系统集成思想指导下，对军队物流系统与地方物流系统可兼容资源进行整合与集成，以实现军地物流全要素、多领域、高效益的一体化深度融合布局。军地物流一体化可从以下三个方面把握。

一是军地物流一体化具有系统性。军地物流一体化并不是对两个相对独立的军队物流系统和地方物流系统进行简单的联合，而是利用系统集成的思想，从国家全局利益出发，对军地物流系统进行整体筹划、统一建设，达到军地高度融合、协调发展的目的，最大限度地发挥军地物流资源效益，促进国家经济发展和国防现代化建设。

二是军地物流一体化具有相对性。军地物流一体化并不是对两个系统的全部内容进行无限制、无选择的整合和改造，而是针对军队物流系统和地方物流系统的可兼容部分进行合理的调整与组合。军队物流系统因其担负任务的特殊性，必须根据实际需要，在某些方面保留一定的相对独立部分。

三是军地物流一体化具有发展性。一方面，军地物流一体化是一个长期的过程。不同的历史阶段，军地物流一体化有不同的表现形式。近阶段，其表现为以服务军队物流建设为主要特征的军地物流融合发展。另一方面，对军地物流一体化的认识会随着时代的发展而不断发展变化。军地物流一体化充分体现了当今世界经济和军事协调发展的思想，集中反映了现代物流规划整合的核心理念。军地物流一体

---

① 国家标准《物流术语》（GB/T 18354—2021）。

化总体功能相对达到大于各分系统功能之和的目的，就能够最大限度地满足国民经济发展和国防建设对物流保障的要求。

二、军地物流一体化理论要点

（一）关于战略目标

军地物流一体化建设的战略目标，或是衡量军地物流一体化的程度标准，主要包括以下六个方面。

1. 集约高效的物流要素

军地双方所属物流要素应在空间上相互组合，在功能上相互补充，实现整个国家物流资源配置最优，达到平时提高社会物流效率和效益、战时提高国家战争保障能力的目标。物流要素包含设施设备、物流人员、物流信息、物流理论、物流技术等。

2. 军地统一的技术标准

统一的技术标准是军地物流一体化的关键，它打破了军地长期以来形成的物流技术体制的二元结构，从根本上破除了军地物流体系协调运转的技术障碍，达到了军地物流技术标准的相对统一，物流技术手段与装备有效融合，实现了各种物流要素平时的无缝连接、战时的快速转换。物流技术标准主要包括物流设施、物流设备、物流信息技术和物流作业技术标准。

3. 协调一致的运营规范

一体化的物流系统中，军地双方应遵守共同的规范，依据相同的规则进行具体的运营组织和管理，高效完成各种物流业务，降低物流作业成本和不必要的损失，提高物流作业质量和一体化物流系统的运营效益。运营规范主要由一致的运营规定、相同的运作规范、法定的平战转换程序等内容组成。

4. 规范合理的评价体系

在一体化物流系统中，对军地一体化的物流任务，军队和地方作为平等的主体，应使用一体化的评价体系。主要体现：物流服务补偿标准规范合理、物流服务质量体系一致、物流效益评价体系一致。

5. 军地协同的管控体系

集中统一的物流管控体系在军地物流一体化系统的正常运转中发挥着极其重要的作用。在平时，这一体系可以协调军队和地方物流系统的运营，强化物流管理，提高军地物流的建设水平。在急时和战时，该体系有利于实施快速物流动员，加快平转战速度。其主要包括以下几个特征：人员构成军地一体、组织结构层次合理、职责权限严格分明。

6. 军地通用的法规体系

科学完备的法规体系是军地物流一体化的重要组成部分，是军地物流一体化的重要标志，是保证其长期稳定运转、顺利高效发展的法律保障，是维护军地双方利益、监督双方履行职责的有效工具。完备的军地物流一体化法规体系包括两个层次：母法——与军地物流一体化根本性大政方针有关的法律规定；子法——一体化体系在具体实践中的完整的法规体系，包括平时的法规体系和急时、战时的法规体系两个部分。

（二）关于军地物流一体化体制机制

推进军地物流一体化，必须推进军地物流协同运作，核心是建立健全军地物流一体化体制机制。军地物流一体化体制机制建设具有根本性和长远性,是深化军地物流一体化的支点,因此,我们应大力推进现代物流和现代军事物流体系建设,逐步形成适合国情军情的军地物流一体化管理体制、运行机制和保障模式。加强军地各部门之间、部队之间的沟通,实现军地物流资源的优化整合,融通分割林立的条块和界线。

(三) 关于准军事化物流力量建设

要有效依托社会物流力量,构建寓军于民、军民深度融合的军事物流社会化保障体系。应坚持以军地协同思想为指导,加强准军事化物流力量建设;按照富国与强军相统一、精干的军队物流力量与强大的准军事化物流力量相结合的要求,着眼平时服务、急时应急、战时应战的需要,真正形成军地一体化的物流体系。

三、军地物流一体化理论的实践应用

一体化是军地物流发展的最终目标,其建设过程具有历史阶段性。在现阶段,军地物流一体化理论在应急物流领域有以下应用。

(一) 指导应急领域军地物流统一规划决策

军地物流统一规划决策既是军地物流一体化的主要特征,也是实现军地物流一体化的根本保证。因此,在军地物流一体化建设过程中,必须不断加强军地在物流规划决策方面的合作,用系统的思想方法,制定全面长远的发展规划,寻求并采取正确的策略,明确具体行动方向。

准确定位应急领域军地物流统一规划决策的内容,明确工作重点及注意事项是实现科学规划、正确决策的前提。应急领域军地物流统一规划决策的内容应包括宏观和微观两个层次。宏观规划决策主要是针对国家整体物流发展制定的规划与设计。微观规划决策主要是针对微观物流实体制定的规划与设计。

（二）指导应急领域军地共育物流人才

无论是平时、急时还是战时，人才都是决定物流系统能否正常运转的关键性因素。面对突发事件处置对物流人才的强劲需求，整合军地物流教育资源，拓宽人才培养渠道，是加速应急物流人才培养，缓解应急物流人才供求矛盾的必由之路。

（三）指导应急领域军地物流合作科研开发

应急物流发展需要先进理论的指导，需要先进技术和装备的支撑，而这些都依赖于及时有效的科研开发。因此，要想充分发挥军地物流科研人才的作用和各自优势，军地物流合作科研开发非常必要。同时，军地物流在构成、内容、技术、理论、人才等方面所具有的广泛兼容性，为合作科研开发提供了有利条件。军地物流合作科研开发内容广泛，主要包括应急物流理论研究、应急物流技术开发与应用、应急物流装备研制与使用等。

（四）指导应急领域军地物流联合服务保障

实现应急领域军地物流联合服务保障是军地物流一体化的核心内容，主要表现为军地物流服务资源共享整合。军地物流联合服务保障是军地物流一体化建设的阶段性目标之一。

无论是军地物流统一规划决策，还是军地共育物流人才、军地物流合作科研开发，其根本目的都是增强军地物流的协作与融合，实现军地物流服务保障的一体化。

（五）指导国家物流动员

国家物流动员是社会物流保障潜力向应急物流保障实力的转化过程，是解决平时、急时和战时物流保障需求差距大的根本途径。加强国家物流动员体系建设，要贯彻人民战争的思想，让战争伟力根植于民众。健全的物流动员机制、完善的物流方案计划和细致的物流动员准备，能够把蕴藏于社会的物流资源潜力转化为应急应战需要的强大物流保障实力，使其不为我所有，但为我所用。

第四节　应急物流能力评估理论

应急物流体系建设的目的是具备和提升应急物流能力。对应急物流能力进行科学评估，是检验应急物流体系建设成果、查找问题短板、提高能力质效的有效途径。因此，建立应急物流能力评估体系，掌握应急物流评估方法，对应急物流体系建设非常重要。

一、应急物流能力评估的基本认识

在进行应急物流能力评估之前，首先要厘清相关概念、了解应急物流能力评估的基本原则与作用，为后续评估的组织实施奠定基础。

（一）应急物流能力评估相关概念

1. 应急物流能力

应急物流能力是指为有效应对自然灾害、事故灾难、公共卫生、社会安全等突发事件，物资筹措、运输、配送等的全过程保障能力，以及应急物资储备、信息处理、反应速度、配送时效等方面的综合物流能力。

2. 应急物流能力评估

应急物流能力评估是指运用科学的标准、方法和程序对突发情况下的应急物流能力进行估计和评价，是基于应急物流能力体系结构，对应急活动中的物流能力进行评定和等级划分的行为。

（二）应急物流能力评估的作用

1. 有助于提升应急物流能力水平

应急物流能力评估是一项复杂的工作，评价指标体系是对应急物流能力进行系统分析和识别后所形成的一套完整、全面的评价内容框架。科学评定应急物流能力水平，准确界定应急物流能力等级，有利于客观分析差距和存在的堵点，发现应急物流问题和短板，监测应急物流执行质效，促进应急物流能力高质量发展。

2. 有助于应急物流能力发展战略的实施

应急物流能力发展战略目标决定了应急物流能力评价的方向，具体指标的设计反映了应急物流能力发展的建设方向和优先发展领域。因此，应急物流能力评估一方面可以帮助政府管理者关注应急物流能力发展，另一方面可以引导应急物流能力的建设发展方向。

3. 有助于决策者和管理者进行优化调控

指标体系的历史评价可以预测和掌握应急物流的发展态势和未来走向，有助于决策者和管理者有针对性地作出政策调控或物流体系结构的调整。应急物流涉及的范围较以往的常态物流更加广泛，它具有自身特有的特征、组织、结构及管理方式，因此必须建立一个合理、科学的应急物流评价指标体系，以便管理者进行全链条的优化调控。

4. 有助于提高军事物流应急应战服务保障能力

军队有遂行多样化军事任务、应对多种安全威胁的使命任务。军事物流需要反应迅速、可靠、精准的体系和保障能力，应以应急物流能力建设和参与应急物流保障行动为契机，借鉴地方应急突出的先进经验，打破军事物流资源的局限性，提高军事物流应急应战服务保障能力。开展应急物流能力评估，有利于提高应急保障水平，有利于军地物流资源优化配置，有利于提升军事物流应急应战服务保障能力。

（三）对应急物流能力的要求

应急物流是为处置各类突发事件提供物资保障的特殊物流活动，具有任务突发、需求不确定，以及弱经济性和非常规性等特点。这就对应急物流能力提出了针对性要求。正确分析应急物流能力应具备的特性和要求，可为评估指标的设置奠定基础。

1. 强时效性

应急物流的最大特点就是突发性，无法准确预测和把控需求信息、保障场景和计划等，这就要求应急物流具备在最短时间内以最快的响应速度和最顺畅的流程实施保障的能力，即强时效性。

2. 强柔性

面对突发事件，我们无法准确得知持续时间、影响范围、强度大小等各种不可预期的因素，应急物流保障的场景、内容、规模可能随时发生变化，这就要求应急物流具备很强的适应能力，要拥有快速适应各种环境、条件、要求的能力，即强柔性。

3. 强扩展性

应急物流保障的随机性和不确定性决定了应急物流应具有扩展能力。应急物流保障需求有时会超出应急物流供给能力范围，在此类情况发生后应立即对物流做出调整和适配，这就要求应急物流能力应具有较强的扩展性。

4. 强聚合性

应急物流能力是应急物流系统中有形要素和无形要素能力的综合反映，只有环环相扣、无缝连接才能拥有快速的整体反应能力，只有对物流资源进行有效整合和良好组织协调，才能产生更加强大的聚合物流能力，发挥整体效能。

二、评估指标体系构建及构建方法

为了实现量化评估，必须用某种定量或定性尺度去度量被评估对象，这种尺度即评估指标。建立科学合理的评估指标体系是进行有效评估的基础。我们必须综合考虑应急物流能力的特点与需求，分析应急物流任务的层次结构，构建层次化应急物流能力评估指标体系。

（一）评估指标选取

综合评估的结果直接受所选取的评估指标的影响。评估指标数量应该适当。指标过少，所得结论就不具备代表性、普遍性和全面性；指标过多，会导致一些指标相互矛盾或指标冗余。每一个指标都应能从某个方面对要评估的对象信息作出反映，综合评估要解决的重要问题就是如何科学、正确地利用这些信息。受评估面广、内容繁多、因素相对复杂等诸多方面的影响，在选取应急物流能力评估指标时，需要综合考量、慎重选择。指标的选取步骤是，首先确定初始指标，其次对评估指标进行聚类和筛选，最后对评估指标进行修正和完善。

（二）评估指标体系构建

构建应急物流能力评估指标体系，一般采用多层次结构模块法。一是对应急物流运作过程、内外部影响因素进行系统的全流程分析，根据评估目的和评估方法，设置最高层次的评估模块。对评估模块的设置可有多种维度，此处设置指挥调度能力、系统运作能力、网信显控能力和综合集成能力几个维度，并以此为例，建立应急物流能力评估一级指标体系。二是对每一个模块作进一步分析，依据评估客体的情况和评估要求，设置下一层次的评估模块，即建立中间层次的应急物流能力评估指标体系，这一步需要反复进行，直到将应急物流能力评估指标都充分细化。图 9-1 为某一维度的应急物流能力评估指标体系。

（三）评估指标权重确定

在各项应急物流能力评估活动中，评估各级指标中的每一个指标相对于评估结果和目标都会有作用大小、重要程度高低等不同的影响，因此为更好地诠释这一客观情况，需要对各个指标进行权重设

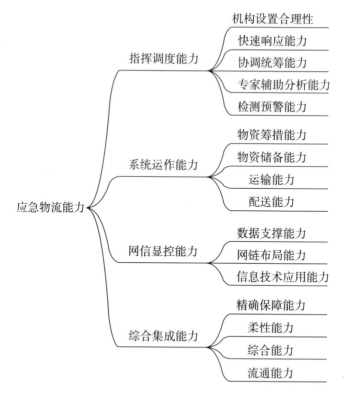

图9-1 某一维度的应急物流能力评估指标体系

置，而确定各指标的权重，是计算评估结果的重要内容，权重的合理性将会影响评估结果的准确性。在实际评估中，应当兼顾各种方法的优缺点，使能力评估的结果更加符合客观实际。

评估指标的赋权通常包括主观赋权法和客观赋权法两种。主观赋权法主要由专家根据经验来确定各项指标的权重，并通过反复讨论最终得出权重结果；客观赋权法主要根据客观数据，运用数学模型的计算来确定指标权重。主观赋权法的赋权结果能够体现领域特征，但是会受到主观因素影响；客观赋权法的赋权结果量化程度高，但容易与实际偏离。应急物流能力评估指标的权重还应该根据相应的任务情况进行计算与赋值。

（四）评估方法的使用

正确选用与应急任务相适宜的评估方法是评估环节最为重要的内容。评估方法的使用在很大程度上决定了最终评估结果的准确性。由于篇幅有限，本文仅选取几类典型常用方法为例进行分析以供参考，不一一枚举。

1. 多元统计理论类

该类方法包括因子分析、聚类分析、主成分分析以及多重回归分析等方法。这是一种采用各种技术和方法对多个变量进行解析和预测的方法，它利用统计学和数学方法提炼数据信息，将多个变量精简，使评估问题得以简化；同时，它能尽可能减少信息量损失，简明扼要地把握系统的本质特征，分析数据的内在规律性。其优点是可减少评估指标之间因相互关联而造成的影响，减少指标选择的工作量，使权数确定更客观、合理，且结论形式简明；缺点是难以控制样本量，例如主成分分析维数减少会影响权重值的客观性，而聚类分析方法可能受到数据整体性以及各因素影响。因此，必须对结果按需进行综合分析。

2. 不确定性理论类

该类方法包括概率分析法、决策分析法、模糊综合评判法等，它的基本思想是假定对事物的状态以及状态的变化方式缺乏明确的认识，这种认识既可以是对事物状态及其运动外在形式的认识，也可以是对事物状态及其运动内在含义的认识，还可以是对事物状态及其运动效用价值的认识等，这种不确定性是由人们对世界认识的局限导致的。其优点是不确定分析有助于充分了解预期风险，进而做出更为准确客观的决策选择；缺点是有时无法提出决定项目取舍的标准或依据，例如概率分析中，无论是使用客观概率分析还是主观概率分析，都对概率估算精确度有很大影响。

3. 多属性方法类

该类方法中使用最为广泛的是层次分析法。它的评估基本思想是量化评估者的经验判定，该类方法特别适用于目标结构复杂、必要数据缺乏的情况。其优点是分析方法系统化，决策方法实用。缺点是不能为决策提供新方案；定量数据较少，定性成分多，缺乏可信度；指标过多时数据统计量大，且权重难以确定；特征值和特征向量的精确求法比较复杂。

4. 数据挖掘方法类

该类方法包括偏差-方差分解算法、朴素贝叶斯网络、关联分析、人工神经网络、支持向量机等。数据挖掘的基本思想是对物流能力相关数据进行采集和处理，建立人工智能的数学模型，再利用模型评估物流能力。不同的数据挖掘算法各有优缺点。优点是有坚实的数学基础以及稳定的分类效率，对小规模数据表现良好，能处理多分类任务。缺点是对缺失的数据不太敏感，算法也比较简单，分类决策存在错误率。

5. 交叉学科评估方法类

该类方法包括物元分析法、仿真评估法、数据包络分析法、马尔可夫模型、集对分析法等。由于对应急物流保障能力的评估是对复杂系统的评估，而现代评估理论在多学科交叉、相互渗透的研究领域中不断发展，因此这些方法的引入可以拓展应急物流能力评估方法的范畴，有利于更加科学和精确地开展评估工作。

三、应急物流能力评估组织实施

应急物流能力评估是一种相对复杂的应急管理活动，它具有很强的实践性和规范性。应急物流能力评估组织实施流程直接影响着应急物流能力评估的有效性和规范性。因此，不仅要搞好评估指标体系的设计，还要有规范的组织实施程序。应急物流能力评估的组织实施流程可大体分为四个环节，即任务分析研判、评估计划准备、组织评估实施和结论反馈应用，如图 9-2 所示。

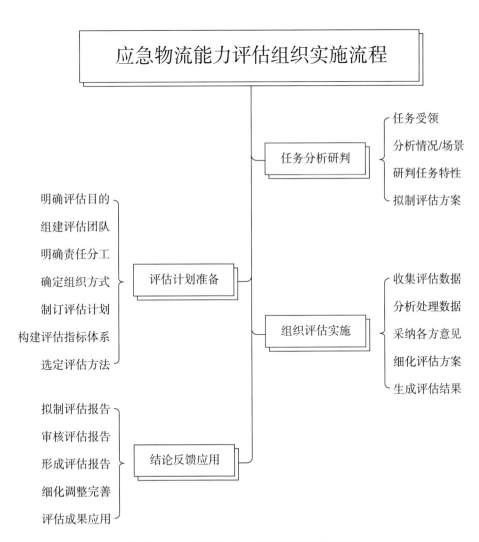

图 9-2 应急物流能力评估组织实施流程

（一）任务分析研判

在进行应急物流的评估活动之前，首先应在受领任务的第一时间分析情况，进行任务特性的研判，以便制定出后续符合时宜的应急物流能力评估方案，并遴选有代表性和针对性的评估指标。然后根据任务的具体情况和其特殊性，进行下一步有针对性的细化安排。

（二）评估计划准备

科学合理的计划规划能让应急物流能力评估活动更加规范、有序进行。制订应急物流能力评估计划可明确评估的目的、组建评估团队，并明确评估人员的责任分工、评估的主体与客体、评估的内容，以及阶段的划分和组织方式方法等，以确保各种评估数据与资源的统筹，达到应急物流评估的各个环节和各参与部门在时间、空间上相互衔接流畅。

（三）组织评估实施

评估的组织实施包括收集评估数据、采纳各方意见、细化评估方案、分析处理数据，生成评估结果。从组织实施角度上看，收集评估所需的物流数据与资料是评估的基础性工作，评估的数据不仅要求综合全面，还要及时和全程获取，区分重点采集，以提高数据的应用价值。科学分析评估数据并进行信息的筛选和分析，综合运用统计评估、专家评估、综合评估等方法，因地制宜地选择匹配的方法进行定性与定量相结合的数据分析。获取专家的真实意见，多方采纳以便确保评估结论的准确性和可靠性。随着数据的全面掌握进一步细化方案，定制出最为适配的评估方案并组织实施。

（四）结论反馈应用

经过审核最终形成评估结论，并根据不同的需求形成不同形式的评估报告。形成评估报告后将是调整完善阶段，先是进行各个评估方和被评估方的沟通交流，确保评估报告的科学性和质量水平。然后将结论数据进行反刍消化并采纳应用，找出堵点和问题，对相应的应急物流能力要素进行调整完善，达到以评促建、以评促效的目的。

第十章　应急物流体系建设推进策略

应急物流体系建设是一个复杂的系统工程，涉及政府、军队、企业、家庭甚至个人等不同层面，社会、政治、经济、军事等不同领域，以及配套设施设备、人员思想观念、法律规章制度、工作管理流程等不同内容。应在总结近年突发事件应对，尤其是新冠疫情防控应急物资保障经验教训的基础上，系统梳理应急物流体系建设方法路径、保障措施，明确推进策略，全面促进应急物流体系建设。

第一节　建设路径

着眼提高应急物流保障能力，立足实际情况，按照顶层设计、试点先行、全面实施和全程效果评估的建设路径构建应急物流体系。

一、优化顶层设计

进行应急物流保障能力建设，必须制定应急物流体系建设规划，明确应急物流体系建设的总体目标和各阶段任务，并根据实际推进情况进行动态调整和迭代更新。同时，应加强组织领导和协调，推进中央政府与地方政府之间的沟通和协作，大力开展军地合作，以确保应急物流体系建设工作顺利开展。

二、先行试点示范

选择部分突发事件应对压力大或经济发达人口密集的城市和地区先行试点，推广落地应急物流相关标准、开发应用应急物流信息平台、完善物流保障设施设备，加强政企合作，促进军地协同，开展不同场景下应急物流保障演练，探索应急物流体系建设的有效模式和经验，为后续全面推广提供借鉴。对于选定的试点城市和地区，给予政策、资金、技术等方面的支持和指导，推动试点工作取得实效。及时总结经验教训，对于成功的案例进行宣传和推广，引导其他城市和地区积极跟进。

三、全面展开实施

充分借鉴试点工作中形成的经验，优化调整应急物流体系建设规划；结合大国储备体系构建，充实应急物资储备；依托物流强国建设，在全国范围内完善应急物流基础设施，开发应用先进的物流技术和装备，提高应急物资的运输和配送效率；优化应急物流保障的运作流程，实现各环节无缝衔接和高效配合；全面优化体制机制，理顺相关部门的职责和协作关系。

四、全程效果评估

根据应急物流保障可达性、精准性、时效性及安全性等要求，加强对应急物流体系建设的过程控制，建立应急物流体系建设和保障能力评估指标体系，定期对应急物流体系建设效果进行全面评估。同时，强化监督管理，发现问题及时纠正，确保各项建设任务按期推进。

第二节　保障措施

加快推进应急物流体系建设，必须加强组织领导、宣传引导、政策扶持，同时还需要从加大资金投入、深化军地协同、用好行业组织等方面予以有力保障。

一、加强组织领导

应急物流体系建设的工作方面涉及发改、交通、应急、储备、财政等国家相关职能部门；建设内容涉及体制机制、法规标准、设施设备、网络信息、物资储备、保障队伍等各要素，涵盖仓储、运输、分拣、包装、配送等各物流保障环节；部分建设任务还将延伸到军事领域，需要与军事物流体系相衔接，等等。因此，必须在国家层面明确集中统一的领导机构，建立健全权威有效的指挥协调机制，细化落实责任分工和建设任务；自上而下全系统、从始至终全过程，实施有力高效的领导指挥和统筹调度、严密细致的组织协调和衔接配合；严格按照职责分工落实各单位、各部门、各岗位的责任义务，为应急物流体系建设提供坚强有力的组织工作保障。

二、加强宣传引导

加大应急物流宣传力度，对增强广大人民群众的应急物流意识，加快推动应急物流体系各项建设任务落实具有积极的作用。自2003年应急物流概念首次提出以来，学术界广泛接受并迅速掀起了研究高潮。但是，在非物流行业的公众层面，则对应急物流这一概念知之甚少。总体上看，我国应急物流还没有建立起坚实的思想基础和群众基础，严重影响了应急物流的运作。因此，要开展有计划、常态化应急物流宣传，提高公众对应急物流的认知和重视程度，增强社会的整体应对能力，为应急物流体系的建设提供更多支持，改变目前只有灾害、疫情来临时，广大群众才关注应急物流的尴尬局面。为此，要做好以下工作。

一是要加强应急物流知识普及。应急物流体系建设不能仅仅停留在政府层面，特别是停留在各级应急预案的纸面上，必须强化宣传普及工作，使应急物流的基本常识进入广大民众的日常学习、工作和生活中，只有这样才能确保有备无患、有患不乱。利用多种媒体渠道（包括社交媒体、广播、电视等），组织各种形式的群众活动，如应急物流日、讲座、研讨会、主题活动或知识竞赛等，采用应急物流宣传页、行动手册等手段，宣传应急物流知识、技能和行动指南，扩大覆盖面和影响力。尤其要推动应急物流知识进教材、进课堂，进行全民范围的应急物流宣传教育，使广大民众了解应急物流法规以及自己在应急物流中的职责、义务和权利。重点加强对政府相关业务主管、物流行业相关从业者等人员的培训，使他们具备应急物流的组织指挥和实施能力。

二是要增强公众参与意识。主要是学习和借鉴日本等国的经验，并结合我们的国情社情，提供透明、及时的突发事件处置中高效物资保障的信息，让公众了解应急物流的作用，认同参与应急物流体系建设的必要性和重要性；定期组织公众参加应急物流演练，使各级机构和广大人民群众熟悉应急物流预案，并在演练中对预案进行实地检验和修订完善；及时宣扬应急物流中的好人好事，树立先进模范的典型事迹，激励和引导人们自觉投身到应急物流事业中。

三、加强政策扶持

加快推进应急物流体系建设需要充分的政策支持，包括但不限于以下几个方面，这些有助于营造良好的政策环境，鼓励各方共同参与应急物流体系建设，并促进其加快发展和完善。加强政策扶持，包括以下几个方面。

一是加大土地政策扶持。进一步落实支持应急物流建设的用地需求，对符合土地利用总体规划要求的应急物流设施建设项目，加快用地审批进度，保障项目依法依规用地。

二是加大税收政策扶持。结合创新财税扶持方式，减免应急物流关键技术及成果的相关税金，对用于更换及维护设备的流动资金进行税前扣除，在增值税政策上确定固定资产增值税的简化抵扣办法等系列税收支持政策。对参与应急物流保障企业研发费用及技术创新投入可部分减免企业所得税及个人所得税。

三是加大金融政策扶持。建立应急物流建设专项基金，遵守专款专用、先存后用、量入为出、节约使用等原则，提高专项基金使用效果；引导银行业、金融机构在风险可控、商业可持续的前提下，创新信贷产品，加大信贷投放力度，完善资金结算手段，为企业开展应急物流能力建设提供更加便捷高效的信贷金融服务。

四是加大补贴（补偿）政策扶持。对积极参与应急物流体系建设的创新企业、创新案例，给予一定政府补贴，支持应急物流领域的创新、创业；支持新技术与新模式在应急物流领域的应用；响应应急、应战需求，将付出的企业成本作为政府购买公共服务进行补偿。

五是加大产业政策扶持。制定支持应急物流产业发展的政策，包括产业政策、发展规划等，鼓励和引导企业加大在应急物流领域的投入。

六是加大激励政策扶持。建立激励政策和奖励机制，鼓励企业和机构参与应急物流体系建设。例如，对在应急物流方面作出突出贡献的企业给予奖励或荣誉称号。

四、加大资金投入

建立健全政府、企业和社会组织相结合的资金投入保障机制，进一步加大对应急物流体系建设针对性资金投入，资金投入的方向和方式包括但不限于以下诸方面。①基础设施建设。建设应急物流基础设施，包括仓储设施、配送中心等，确保设施现代化、便捷化。②技术设备更新。加强先进技术设备的研发和购置，如全地形物流作业装备、物流可视化系统、信息化管理系统等，提高物流运作效率和应急响应能力。③应急物资储备建设。建立政府、军队、市场、家庭四位一体的应急物资储备体系。④人员培训和技能提升。组织应急物流相关人员的培训和技能提升课程，提高从业人员的应急响应能力和专业水平。⑤专业队伍演训演练。组织应急物流专业队伍的演训演练，检验应急物流能力建设效果，以便发现问题并及时改正。⑥政策支持和合作基金。政策奖励、合作基金等，鼓励企业、机构参与应急物流体系建设，形成多方合作共赢格局。⑦建设监管和评估。用于应急物流体系建设的全程监管和评估，确保任务落实和保障能力有效达成。

这些资金投入方向可以有效支持应急物流体系建设，提高其应对突发事件的能力和效率。不同地区、行业和应急情境的需求可能有所不同，因此在投入资金时需要根据实际情况和需求进行灵活配置。

五、深化军地协同

构建应急物流体系离不开军队的深度参与，需重点建立应急物流军地联合指挥协调机制、推进军地协同的应急物流信息系统建设、加强军地应急物流力量共建互动。深化军地协同需重视以下几个方面。

一是建立应急物流军地联合指挥协调机制。军地一体化应急物流体系运行是否高效，关键在于指挥是否得当、管理是否科学。要高效指挥、科学统筹，就必须由政府和军队联合建立一个位于军地二元主体之上的一体化指挥协调机制，对应急物流建设、管理和运行进行全面系统的统筹规划。应急物流的保障对象是突发事件处置行动，政府在突发事件的处置中处于主导地位，所以应急物流军地联合指挥协调机制的设立和运作必须由政府部门来领导和组织实施。但是，在有些突发事件的处理中，军队往往起着很重要有时甚至是决定性的作用，所以应急物流体系的建设、管理和运作也必须有军队有关部门参与。

二是推进军地协同的应急物流信息系统建设。信息系统是应急物流的神经系统，是指挥调控物流流向和流量的中枢，是应急物流赖以生存与发展的重要条件。当前，应急物流信息系统建设的关键是充分考虑军地双方的共同需要，借助科学合理的组织设计和制度安排，消除因体制、标准等因素造成的信息设施设备障碍，不断提高物流各子系统之间互动协调的能力。依托军队信息网和地区政府网建立集数据采集、信息传输、指挥控制和辅助决策等功能于一体的指挥平台，为上级掌握事件发展动态信息，合理定下保障决心提供信息支持；要根据各地的不同情况，建立车辆信息、物资信息数据库和"物资储存数字化、信息处理自动化、数据交换网络化、管理系统集成化、资源分布与流动可视化"的资源调配平台，为指挥中心准确掌握、科学运用所需车辆和物资提供信息支持；要规范信息协商和信息通报制度，加强横向信息通报，为相关部门及时掌握相关情况提供信息支持。要提高军地信息系统的相互适应性，使军地信息系统间能够快速转换，实现各信息系统的互联互通。要构建应急物流信息发布和共享机制，明确各级的管理职能和协调方法，逐步形成集中领导、分级响应、属地管理的纵向指挥调度体系和信息共享、分工协作的横向沟通协调体系，推动应急物流信息服务向全社会的推广普及。

三是加强军地应急物流力量共建互动。要推进应急物流军地一体化发展，必须强化军地应急物流力量共建互动。第一，要明确各级政府和军队物流力量在应急物流体系建设中的地位和作用，特别要针对地方政府物流力量，在规划区域经济结构和产业布局，以及建设重大项目和重要设施时，采取"项目搭载"或"改造改装"等方式，使之具备经济和国防双重功能，实现"一次投资、两种收益"。第二，要将军地应急物流保障体系所涉及的各项工作反复演、反复训，如物资储备、动员生产、科研开发、动员演练等；并采取"预置储备""组建动员中心""一体化科研开发""行业结对"等方式，将军队应急物流力量融入地方有关行业或领域的建设发展之中，实践论证军用与民用的良性互动。在此，要加强军地物流体系之间的协调运作和相互耦合，在共建互动中突出对军队物流和地方物流进行优化组合，形成物流系统军地一体、相互支援的格局，实现军用与民用的良性互动。

六、用好行业组织

加快推进应急物流体系建设，不仅需要政府重视给力、军队配合参与，更需要充分利用物流全行业资源的力量，这就需要发挥好物流行业组织的作用。为此，物流行业组织要做好以下几项工作。

一是牵头开展应急物流理论研究和行业标准的制定。近20年来，中国物流与采购联合会应急物流专业委员会定期发布"应急物流科研指南"和行业发展报告，每年组织应急物流优秀论文、案例征集评审，召开全国性应急物流研讨会，并整合了各大高校和科研院所的科研力量，引领了应急物流领域理论研究和学术交流。同时，针对应急物流领域现实需要，牵头制定并发布了GB/T 30676—2014《应急物资投送包装及标识》、WB/T 1099—2018《应急物流服务成本构成与核算》、WB/T 1072—2018《应急物流仓储设施设备配置规范》、WB/T 1133—2023《企业应急物流服务能力评估指标》等10余项与应急物流相关的国家、行业标准。由此可见，应当继续发挥物流行业组织的作用，进一步提高应急物流领域理论研究和标准制订水平。

二是协助政府制定相关行业规划和政策。作为政府的助手，物流行业组织可以充分发挥自身优势，协助政府研究制定应急物流行业规划和政策。例如，中国物流与采购联合会应急物流专业委员会曾多次受国家发展改革委、民政部、应急管理部、国家粮食和物资储备局等单位委托开展应急物流专项研究，参与了多项行业规划、方案、意见和政策等的制定起草工作。

三是协助政府组建应急物流专业化队伍。要建立相对稳定的应急物流专业化队伍，首先需明确应急物流专业队伍的类型、规模、条件，并在此基础上建立规范的应急物流专业队伍准入"门槛"和认证机制；其次，对相关企业或社会力量的资质条件进行考评认证，通过认证的列入应急物流专业队伍库；最后，加强对应急物流专业队伍的平时管理和针对性训练，确保关键时候用得上。以上所需完成的各项工作，就是在政府指导下主要由物流行业组织具体实施的。例如，用于作为应急物流专业队伍准入"门槛"的行业标准 WB/T 1133—2023《企业应急物流服务能力评估指标》，就是由中国物流与采购联合会应急物流专业委员会主持制定的。相关后续工作也需要物流行业组织发挥重要作用。

参考文献

［1］习近平．决胜全面建成小康社会 夺取新时代中国特色社会主义伟大胜利［M］．北京：人民出版社，2017.

［2］中共中央文献研究室．习近平关于社会主义经济建设论述摘编［M］．北京：中央文献出版社，2017.

［3］洪毅．"十三五"时期我国应急体系建设的几个重点问题［J］．行政管理改革，2015（8）：9-14.

［4］魏际刚，张瑗．加快应急物流体系建设 增强应急物资保障能力［J］．中国流通经济，2009，23（5）：15-17.

［5］戴定一，王宗喜，贺登才，等．中国应急物流体系建设研究［M］//中国物流与采购联合会，中国物流学会．中国物流重点课题报告（2009）．北京：中国物资出版社，2009：67-94.

［6］王坚红，王京．我国应急物流建设的现状及发展对策［J］．军事经济研究，2010，31（3）：36-38.

［7］王丰，姜玉宏，王进．应急物流［M］．北京：中国物资出版社，2007.

［8］宋则，孙开钊．中国应急物流政策研究（上）［J］．中国流通经济，2010，24（4）：19-21，33.

［9］宋则，孙开钊．中国应急物流政策研究（下）［J］．中国流

通经济，2010，24（5）：11-14.

［10］高东椰，刘新华．浅论应急物流［J］．中国物流与采购，2003（23）：22-23.

［11］陈慧．我国应急物流体系存在的主要问题与优化建议［J］．中国流通经济，2014，28（8）：20-24.

［12］赵新光，龚卫锋，张燕．应急物流的保障机制［J］．中国物流与采购，2003（23）：24.

［13］欧忠文，王会云，姜大立，等．应急物流［J］．重庆大学学报，2004，27（3）：164-167.

［14］闪淳昌．应急管理：中国特色的运行模式与实践［M］．北京：北京师范大学出版社，2011.

［15］全国干部培训教材编审指导委员会．突发事件应急管理［M］．北京：党建读物出版社，人民出版社，2011.

［16］中央财经大学中国发展和改革研究院案例与调查评价中心．应对突发事件案例·点评·启示［M］．北京：国家行政学院出版社，2011.

［17］姜平．突发事件应急管理［M］．北京：国家行政学院出版社，2011.

［18］米切尔·K.林德尔，卡拉·普拉特，罗纳德·W.佩里．应急管理概论［M］．王宏伟，译．北京：中国人民大学出版社，2011.

［19］艾学蛟．突发事件与应急管理［M］．北京：新华出版社，2010.

［20］江川．突发事件应急管理案例与启示［M］．北京：人民出

版社，2010.

［21］洪毅．中国应急管理报告（2012）［M］．北京：国家行政学院出版社，2012.

［22］贺登才，刘伟华．现代物流服务体系研究［M］．北京：中国物资出版社，2011.

［23］鞠颂东．物流网络：物流资源的整合与共享［M］．北京：社会科学文献出版社，2008.

［24］徐杰．物流组织网络：结构与运作［M］．北京：社会科学文献出版社，2008.

［25］周尧．自然灾害应急物流能力评价体系研究［D］．武汉：武汉理工大学，2009.

［26］黄洪涛．应急物流系统研究［D］．大连：大连海事大学，2006.

［27］周宇．基于 BP 神经网络的应急物流风险评价研究［D］．大连：大连海事大学，2009.

［28］李伟．面向不确定环境的应急物流抗风险能力评价［D］．大连：大连海事大学，2010.

［29］王宗喜，徐东，黄定政．关于应急物流规划的几点思考［J］．中国流通经济，2010，24（6）：20-22.

［30］王宗喜．大力推进应急物流建设与发展［J］．中国流通经济，2009，23（7）：15-16.

［31］王宗喜．关于应急物流建设的若干问题［J］．中国流通经济，2009，23（3）：20-22.

［32］王宗喜．大力推进我国应急物流建设与发展［J］．中国物

流与采购，2007（24）：37-39.

［33］王宗喜．加强应急物流与军事物流研究刻不容缓［J］.中国物流与采购，2003（23）：20.

［34］王宗喜，阳波．应急物流系列讲座之一 论应急物流的地位与作用［J］.物流技术与应用，2008（7）：104-106.

［35］王宗喜，徐东．军事物流学［M］.北京：清华大学出版社，2007.

［36］王宗喜．漫话军事物流［M］.北京：清华大学出版社，2005.

［37］徐东．军地物流一体化建设研究［D］.北京：后勤指挥学院，2003.

［38］徐东．应急物流与军地物流一体化建设［J］.中国物流与采购，2003（23）：28-29.

［39］徐东，黄定政．应急物流系列讲座之二 应急物流体系的构成［J］.物流技术与应用，2008（8）：94-96.

［40］黄定政．应急物流的理论研究与实践探索［D］.北京：后勤指挥学院，2013.

［41］徐东，吴量，李轲．基于改进型霍尔模型的应急物流体系建设研究［J］.物流工程与管理，2019，41（7）：7-10，36.

［42］吴量，徐东．基于区块链的应急物流建设研究——从"新冠肺炎"疫情防控物资保障视角［EB/OL］.（2020-02-20）［2023-12-10］. http：//chinawuliu. com. cn/xsyj/202002/20/493659. shtml.

［43］何黎明．中国物流技术发展报告 2018［M］.北京：中国财富出版社，2018.

［44］王智泓．大数据时代下云物流模式探究及转型路径研究
［J］．技术经济与管理研究，2019（3）：15-19．

［45］王洪艳．基于物联网的物流智能化路径［J］．重庆理工大
学学报（社会科学版），2013，27（11）：33-37．

［46］江宏．物流无人化发展状况与趋势展望［J］．物流技术与
应用，2019，24（2）：90-93．

［47］张莞航．智慧赋能，引领物流业转型升级［J］．中国发展
观察，2018（12）：52-54．

［48］刘楚瑜．浅议军队应急采购能力提升策略［J］．中国物流
与采购，2023（12）：95-96．

［49］应对突发事件课题研究组．各级领导者应对和处置突发事
件必备手册［M］．北京：中国商业出版社，2012．

［50］傅卫平，原大宁．现代物流系统工程与技术［M］．北京：
机械工业出版社，2007．

［51］刘增良．关于智能系统工程科学技术体系的思考［J］．智
能系统学报，2009，4（1）：12-15．

［52］王刚，黄丽华，张成洪．混合智能系统研究综述［J］．系
统工程学报，2010，25（4）：569-578．

［53］赖明勇，金常飞，聂凯，等．物流CPS：下一代智能化物
流系统的实现与挑战［J］．系统工程，2011，29（4）：60-65．

［54］杨文健，胡平峰．优化应急救灾物资储备功能［J］．中国
减灾，2009（3）：26-27．

［55］刘宗熹，章竞．由汶川地震看应急物资的储备与管理［J］．
物流工程与管理，2008，30（11）：52-55．

［56］包玉梅．基于应急物资储备的政府最优应急效用模型分析［J］．科技创业月刊，2010，23（1）：99-100，102.

［57］陈桂香，段永瑞．对我国应急资源管理改进的建议［J］．上海管理科学，2006（4）：44-45.

［58］王子军．建立突发公共卫生事件应急处理物资储备机制的探讨［J］．中国公共卫生管理，2004（6）：502-503.

［59］周定平．突发事件应对的物资保障分析［J］．中国安全科学学报，2008（3）：5-9，181.

［60］王晓燕．应急物流园与城市综合防灾减灾体系相互功用的初步研究［J］．灾害学，2010，25（3）：135-138.

［61］梁纪伟，于飞．青岛市突发公共卫生事件应急处理物资储备机制探讨［J］．中国公共卫生管理，2008（3）：236-237.

［62］张永领．基于层次分析法的应急物资储备方式研究［J］．灾害学，2011，26（3）：120-125.

［63］杨莹，南保康．基于灰色决策方法的灾前物资储备保障能力研究——以青海玉树地震灾情为例［J］．中国物流与采购，2012（14）：66-67.

［64］罗建锋，王颜．基于三角模糊数的应急物资储备能力综合评价研究［J］．物流科技，2012，35（12）：8-11.

［65］李维，寇纲，尔古打机．基于需求的"情景-应对"型应急物资储备水平分析［J］．中国管理科学，2012，20（S1）：279-283.

［66］史开菊．我国重大突发事件灾前应急物资储备研究［D］．秦皇岛：燕山大学，2013.

［67］高刚．鄂尔多斯市应急物资分级及储备方式整合研究

[D]. 北京：中国科学院大学，2015.

[68] 郗蒙浩，赵秋红，王凤京，等. 依据自然灾害风险区划的应急救援物资储备数量管理——以北京风雹灾为例 [J]. 灾害学，2015，30（2）：172-178.

[69] 杨继君，吴启迪，程艳，等. 面向非常规突发事件的应急资源合作博弈调度 [J]. 系统工程，2008（9）：21-25.

[70] 杨继君，吴启地，程艳，等. 面向非常规突发事件的应对方案序贯决策 [J]. 同济大学学报（自然科学版），2010，38（4）：619-624.

[71] 周广亮. 应急资源配置与调度文献综述与思考 [J]. 预测，2011，30（3）：76-80.

[72] 康青春，郑儒欣. 非常规突发事件现场应急指挥平台设计与实现 [J]. 中国安全科学学报，2010，20（3）：161-165.

[73] 张燕斌. 基于供应链集成下的物资管理研究 [J]. 中外企业家，2013（8Z）：122-123.

[74] 聂彤彤. 非常规突发事件下应急物流能力研究 [J]. 现代管理科学，2011（9）：117-119.

[75] 马荔，李欲晓. 自然灾害事件中政府信息公开机制研究 [J]. 生产力研究，2010（6）：6-8，5.

[76] 高建国. 中央级救灾物资储备仓库在地震紧急救援中的作用 [J]. 国际地震动态，2004（8）：22-28.

[77] 张自立，李向阳，王桂森. 基于生产能力储备的应急物资协议企业选择研究 [J]. 运筹与管理，2009，18（1）：146-150，162.

[78] 戴更新，达庆利. 多资源组合应急调度问题的研究 [J]. 系统工程理论与实践，2000（9）：52-55.

［79］史培军. 中国自然灾害风险地图集［M］. 北京：科学出版社，2011.

［80］刘铁民. 应急预案重大突发事件情景构建——基于"情景-任务-能力"应急预案编制技术研究之一［J］. 中国安全生产科学技术，2012，8（4）：5-12.

［81］李仕明，刘娟娟，王博，等. 基于情景的非常规突发事件应急管理研究——"2009 突发事件应急管理论坛"综述［J］. 电子科技大学学报（社科版），2010，12（1）：1-3，14.

［82］马庆国，王小毅. 非常规突发事件中影响当事人状态的要素分析与数理描述［J］. 管理工程学报，2009，23（3）：126-130.

［83］刘铁民. 危机型突发事件应对与挑战［J］. 中国安全生产科学技术，2010，6（1）：8-12.

［84］陈刚，谢科范，刘嘉，等. 非常规突发事件情景演化机理及集群决策模式研究［J］. 武汉理工大学学报（社会科学版），2011，24（4）：458-462.

［85］刘霞，严晓. 突发事件应急决策生成机理：环节、要素及序列加工［J］. 上海行政学院学报，2011，12（4）：37-43.

［86］廖永丰，聂承静，胡俊锋，等. 灾害救助评估理论方法研究与展望［J］. 灾害学，2011，26（3）：126-132.

［87］张兰生，史培军，方修琦. 我国农业自然灾害灾情分析［J］. 北京师范大学学报（自然科学版），1990（3）：94-100.

［88］赵振立. 试论建立统一的应急物流协调、指挥系统的重要意义［N］. 现代物流报，2020-03-09（A08）.

［89］袁强，张静晓，陈迎. 建立我国应急物流体系的构想与对

策——基于新冠肺炎疫情防控的经验教训［J］. 开放导报，2020（3）：86-92.

［90］张志鹏，曾佑校，陈博. 应急物流系列讲座之八 应急物流法规建设［J］. 物流技术与应用，2009，14（2）：106-108.

［91］雷秀. 应急物资储备方式选择与储存成本控制问题的研究［D］. 合肥：中国科学技术大学，2011.

［92］马文璇，温馨，徐剑. 基于大数据的事故灾难应急物流信息资源整合内在机理与实践路径探析［J］. 情报科学，2024，42（3）：183-190.

［93］王菡，单菁菁，苗婷婷. 公共安全视角下城市应急物流供需平衡与优化配置研究［J］. 城市问题，2024（2）：57-66.

［94］马文璇，温馨，徐剑. 组态视角下事故灾难应急物流体系构成要素的结构模型及内在机理研究［J］. 灾害学，2024，39（4）：148-152，199.

［95］孙庆兰，王芝怡，田水承. 国家中心城市应急物流能力组态影响路径［J］. 中国安全科学学报，2023，33（11）：214-220.

［96］米俊，李超，王迪. 基于 LDA 和 SNA 的应急物流研究主题可视化研究［J］. 灾害学，2024，39（1）：29-36，44.

［97］马文璇，温馨，徐剑. 事故灾难区域性应急物流体系构成要素的甄别及作用关系模型研究［J］. 管理评论，2023，35（6）：311-322.

［98］何珊珊，郭彦，朱文海，等. 疫情下考虑均衡松弛库存的双目标应急物流网络优化研究［J］. 铁道运输与经济，2023，45（1）：16-22，29.

[99] 高荣，王纯，马业宝．不确定应急物流 LRP 双目标优化模型 [J]．河北大学学报（自然科学版），2022，42（3）：225-231.

[100] 丁蕾，杭虹利．应急物流优先的交通分配模型及算法 [J]．同济大学学报（自然科学版），2022，50（5）：630-634.

[101] 曲冲冲，王晶，余家豪．基于网格化管理视角下灾后应急物流决策模型与算法研究 [J]．运筹与管理，2022，31（1）：75-79，98.

[102] 王英辉，吴济潇．基于云平台的突发公共安全事件下应急物流路径优化研究 [J]．技术经济，2021，40（12）：162-173.

[103] 戢晓峰，杨春丽，郝京京，等．国内外应急物流研究热点对比与展望 [J]．中国安全科学学报，2021，31（12）：144-152.

[104] 胡晓，付江伟，吴珊丹．基于演化博弈的应急物流最优仓库定位 [J]．计算机仿真，2021，38（11）：415-419.

[105] 廖海锋，尤妮斯．B．库斯托迪奥．基于演化博弈的应急物流最优仓库定位仿真 [J]．计算机仿真，2021，38（10）：176-179，184.

[106] 孙宇博．基于区块链技术的应急物流供应链体系构建研究 [J]．商业经济研究，2021（19）：119-121.

[107] 袁涛，蔡佳，郑磊，等．考虑道路损毁情况的应急物流 LRP 研究 [J]．铁道运输与经济，2021，43（9）：30-37.

[108] 冯良清，陈倩，郭畅．应对突发公共卫生事件的"智慧塔"应急物流模式研究 [J]．北京交通大学学报（社会科学版），2021，20（3）：123-130.

[109] 蔡延光，黄戈文，黄何列，等．物资缺乏情况下的应急物流运输与物资二次分配策略 [J]．计算机应用研究，2021，38（8）：

2423-2429.

［110］李世飞．铁路应急物流体系优化研究［J］．铁道运输与经济，2021，43（1）：29-33.

［111］张洁，王汉熙．中国"应急物流"学术研究的整体态势［J］．武汉理工大学学报，2020，42（12）：83-91.

［112］吕婧，张衍晗，庄玉良．公共卫生危机下基于智慧物流的应急物流能力优化研究［J］．中国软科学，2020（S1）：16-22.

［113］赵秋红．重特大突发事件分形应急物流管理体系建设及其保障机制［J］．江淮论坛，2020（4）：13-20，27.

［114］杨山峰．基于突发事件救援的我国应急物流保障机制构建［J］．商业经济研究，2020（17）：89-92.

［115］周愉峰，陈娜，李志，等．考虑设施中断情景的震后救援初期应急物流网络优化设计［J］．运筹与管理，2020，29（6）：107-112.

［116］丁璐，赵兰迎，李立，等．基于物联网的地震救援装备物资应急物流技术系统研究［J］．灾害学，2020，35（2）：200-205.

［117］刘明，曹杰，章定．数据驱动的疫情应急物流网络动态调整优化［J］．系统工程理论与实践，2020，40（2）：437-448.

［118］WH A，GTSH B，JB PING，et al. A hybrid genetic algorithm for the multi-depot vehicle routing problem［J］．Engineering Applications of Artificial Intelligence，2008，21（4）：548 – 557.

［119］BEN-TAL A，CHUNG B D，YAO T，et al. Robust optimization for emergency logistics planning：Risk mitigation in humanitarian relief supply chains［J］．Transportation Research Part B：Methodological，2011，45（8）：1177 – 1189.

［120］BARBAROSOLU G, OZDAMAR L, CEVIK A. An interactive approach for hierarchical analysis of helicopter logistics in disaster relief operations ［J］. European Journal of Operational Research, 2002, 140 (1): 118-133.

［121］CHANG M S, TSENG Y L, CHEN J W. A scenario planning approach for the flood emergency logistics preparation problem under uncertainty ［J］. Transportation Research Part E: Logistics and Transportation Review, 2007, 43 (6): 737-754.